학습잠재력을
쑥쑥
키워주는

작업기억
향상
워크북

〈교육을바꾸는사람들〉(http://21erick.org)은 새로운 교육에 대한 희망을 키우고 모두에게
꿈과 희망이 있는 교육을 실현하기 위해서 이찬승 전(前) ㈜능률교육 대표가 설립한 공익단체(NPO)입니다.

학습잠재력을
쑥쑥
키워주는

작업기억
향상
워크북

데이비드 뉴먼 지음

유정민·최승균·함선미 옮김

 교육을바꾸는사람들

목차

작업기억이란
무엇인가

작업기억(working memory)이란 외부에서 유입되는 청각 정보를 짧은 시간에 처리하고 형성하는 능력을 의미한다. 작업기억을 설명하는 데 도움이 되는 유용한 비유로는 '머릿속 메모장'이 있다. 이 메모장은 곧 사용하게 될 정보를 머릿속에 휘리릭 써 내려가는 곳으로 기능상 포스트잇과 유사하다.

작업기억에 필요한 것은 정보가 사라지기 전에 그 정보를 다루거나 조작할 수 있도록, 딱 그만큼의 시간 동안 정보를 저장하는 능력이다. 작업기억이 좋지 않은 아이들은 새로운 정보를 처리할 만큼 충분히 그 정보를 간직하는 데 어려움을 겪는다. 새로운 정보가 빨리 처리되지 못하면 그 정보는 곧 사라지고 만다.

작업기억의 실제 예를 하나 살펴보자면 동물 이름 목록을 외우는 간단한 활동을 들 수 있다. 말, 개, 코뿔소 이 세 가지 다른 동물을 기억하기 위해 우리는 머릿속 저장 능력을 사용해야 하는데, 이것이 그렇게 어려운 과제는 아니다. 그런데 이 세 동물을 가장 무거운 것부터 가벼운 것 순으로 열거하라고 하면 그건 좀 더 어려운 과제가 된다. 가장 무거운 동물(코뿔소)부터 가장 가벼운 동물(개)을 순서대로 정리하는 작업은 정신적으로 부담이 되는 활동이다. 교실 상황에서 많은 아이들이 어려워하는 것이 이처럼 방금 들은 정보를 가지고 조작하거나 작업하는 일이다.

이 책에서 작업기억 활동은 일곱 개의 장(章)으로 나뉘어 소개된다. 각 장은 아이들의 기억 시스템 사용을 자극하기 위해 설계된 도전적인 과제를 특징으로 한다. 복잡한 과제를 수행하기 전에 아이들은 작업기억을 이용해 머릿속으로 정보를 배열하고 조직해야 한다. 이 책에 있는 과제들은 **만 7세에서 12세 사이의 아이들에게 가장 적합하며**, 다음과 같이 구성되어 있다.

1장 뇌를 깨우는 기억력 테스트

이 테스트는 본격적인 작업기억 훈련이 시작되기 전, 아이의 숫자 기억 능력이 어느 정도인지 알아보기 위해 쓸 수 있는 비공식적인 방법이다. 이 테스트의 특징은 사전 검사 – 사후 검사 양식에 있다. 이는 비교의 기준치를 제공하고, 여러 작업기억 과제를 완료한 후 얼마큼 나아졌는지를 측정하는 도구를 제공한다.

2장 숫자 기억해서 말하기

쉬운 과제에서 어려운 과제까지 순차적으로 제시된다. 아이들은 불러주는 숫자를 듣고 순서대로, 또는 역순으로 말해야 한다. 숫자를 역순으로 말하면 작업기억 자원을 자극하게 되고, 기억 스킬(memory skill)을 자극하게 될 가능성이 있다.

3장 속성에 따라 단어 배열하기

친숙한 동물이나 사물을 머릿속에서 배열하는데, 예컨대 작은 것부터 큰 것까지처럼 속성을 따져 순서대로 배열하도록 한다. 이러한 활동을 통해 아이들은 작업기억 능력을 사용하여 사물을 논리적인 순서로 배열할 수 있다.

4장 색칠하기

점점 더 복잡해지는 지시문을 듣고 색연필로 그림의 세부 항목들을 색칠하는 활동이다. 초급, 중급, 고급 단계로 나뉘어져 있다.

5장 가구 배치하기

위에서 내려다 본 집 구조 안에 가구들을 배열해서 놓는 활동이다. 초급, 중급, 고급 단계로 나뉘어져 있다.

6장 도형 배치하기

흔히 접할 수 있는 몇 가지 도형을 직사각형 모양의 상자 그림 안에 배치하는 활동이다. 초급, 중급, 고급 단계로 나뉘어져 있다.

7장 길찾기

자동차나 오토바이를 일반도로와 고속도로를 따라 이동시켜 목적지에 도달하게 하는 활동이다. 나침반, 특수 제작된 자, 왼쪽/오른쪽 표시물과 같은 다양한 게임 아이템이 주어지고, 사용법도 자세히 설명되어 있다. 이들 아이템을 이용해 자동차나 오토바이가 목적지에 정확하게 가 닿도록 방향을 조정할 수 있다. 초급, 중급, 고급 단계로 나뉘어져 있다.

부록

이 책에 제시된 다양한 활동을 하는 데 필요한 자료를 복사해서 쓸 수 있도록 실어두었다.

이 책에 실린 활동을 하기에 앞서 숙지할
유의사항과 준비물

—— 부록에는 5장(가구 배치하기), 6장(도형 배치하기), 7장(길찾기)에 제시되는 활동을 하는 데 필요한 다양한 게임판과 아이템이 실려 있다. 이것들은 복사해서 미리 자르거나 코팅을 해두는 편이 좋다.

—— 4장(색칠하기)부터 7장(길찾기)까지는 아이들이 세 단계(초급, 중급, 고급)를 순차적으로 연습하도록 되어 있다.

—— 초급 활동은 보통 한 단계로 이루어진 지시문을 제시한다.

—— 중급 활동은 두세 단계로 이루어진 지시문을 제시한다

—— 고급 활동은 두 개에서 네 개 단계로 이루어진 지시문을 제시한다.

—— 저학년 아이들(만 7-8세)은 초급 활동을 여러 번 반복해서 지시문에 익숙해지고, 해당 활동이 어떤 규칙과 원리로 이뤄져 있는지를 정확하게 이해하고 난 후 중급–고급 활동을 하도록 한다. 이는 중급-고급 활동의 복잡한 지시문이 저학년 아이들의 기억 용량에 부담을 주지 않게 하기 위함이다. 각각의 단계마다 삽입되어 있는 평가지를 활용해 아이들의 진전도를 기록하도록 한다.

—— 5장(가구 배치하기)은 가구나 물건을 위에서 내려다본 그림으로 제시하고 있기 때문에 저학년 아이들에게는 혼란을 줄 수도 있다. 이 활동을 하기 전에 아이들은 왼쪽/오른쪽, 위/아래라는 개념을 이해하고 있어야 한다. '집에 가스레인지/냉장고/소파가 있니?', '냉장고가 있는 곳은 어디지?'라고 물어보면서 아이들과 다양한 품목에 대해 이야기를 나누고 각각의 두드러진 특징을 말해보도록 한다.

—— 7장(길찾기)은 가장 복잡하고 어려운 내용으로 구성돼 있다. 초급, 중급, 고급 단계의 다양한 활동을 하기 전에 아이들이 익혀두어야 할 별도의 요소가 많다.

—— 7장(길찾기)은 작업기억 능력을 목표로 하지만 조직화 기술과 비판적 사고 능력 역시 필요로 한다. 혼자서 활동을 시도해보기 전에 지시사항에 대한 상세한 설명을 듣고, 왼쪽/오른쪽 표시물, 특수 제작된 자, 나침반 등의 구성 요소를 사용하는 법을 배우게 한다. 7장 도입부에 길찾기 활동과 관련된 모든 구성 요소에 대해 자세한 설명이 나와있다.

1장

뇌를 깨우는
기억력 테스트

1장 뇌를 깨우는 기억력 테스트

이 테스트는 아이의 기억력을 비공식적으로 측정한다. 이 테스트의 사전 검사 결과는 아이가 작업기억 훈련을 받기 전에 기억력이 어느 수준인지를 보여주는 기준점이 된다. 즉, 사전 검사 결과와 그 이후 몇 주 혹은 몇 달 후에 실시되는 사후 검사 결과와의 비교를 통해 아이가 작업기억을 훈련하는 기간 동안 얼마큼 향상되었는지를 측정할 수 있다.

테스트 방법

일련의 숫자를 들려주면 잘 듣고 순서대로 말하는 거라고 아이에게 먼저 방법을 알려준다. 숫자의 순서가 아이 눈에 띄지 않도록 유의하고, 또박또박 천천히, 정확하고 침착한 목소리로 숫자를 읽어준다. 테스트 시작 전, 숫자는 딱 한번만 들려 준다고 설명한다.

올바른 순서대로 숫자를 말하면 1점, 불완전하거나 틀리게 말하면 0점을 준다. **같은 개수의 숫자 범위 안에서 연속해서 두 문제를 틀리면 테스트를 중단한다.**

이 테스트는 두 부분(PART 1, PART 2)으로 구성된다. PART 1에서는 숫자를 순서대로 기억해서 말한다. 예를 들어 '5 – 9 – 2 – 3을 말해 보세요.' 하면 아이는 들은 대로 똑같이 '5 – 9 – 2 – 3' 이라고 말해야 한다. PART 2에서는 숫자를 거꾸로 말하도록 한다. 예를 들어 '5 – 8 – 2를 거꾸로 말해 보세요.' 하면 아이는 '2 – 8 – 5' 라고 말해야 한다.

숫자를 **거꾸로** 말하는 것은
순서대로 말하는 것보다
더 어려운 과제임을 기억하세요!

이　름　　_____　　　생년월일　_____

사전 검사 날짜　_____　　　사후 검사 날짜　_____

지시문　숫자를 몇 개 들려줄 거예요. 잘 듣고, 똑같이 순서대로 말하면 돼요. 내가 7 – 3이라고 말하면, 7 – 3이라고 말하세요. 딱 한번만 들려줄 거니까 잘 들어야 해요.

숫자 순서대로 말하기

숫자	정답	사전 검사	사후 검사
4 – 8	(4 – 8)	_____	_____
6 – 3	(6 – 3)	_____	_____
9 – 7	(9 – 7)	_____	_____
8 – 5	(8 – 5)	_____	_____
6 – 9 – 2	(6 – 9 – 2)	_____	_____
4 – 7 – 3	(4 – 7 – 3)	_____	_____
9 – 5 – 1	(9 – 5 – 1)	_____	_____
8 – 3 – 9	(8 – 3 – 9)	_____	_____
6 – 1 – 4 – 5	(6 – 1 – 4 – 5)	_____	_____
4 – 3 – 8 – 1	(4 – 3 – 8 – 1)	_____	_____
9 – 8 – 1 – 4	(9 – 8 – 1 – 4)	_____	_____
8 – 7 – 1 – 9	(8 – 7 – 1 – 9)	_____	_____
9 – 3 – 1 – 8 – 7	(9 – 3 – 1 – 8 – 7)	_____	_____
1 – 7 – 2 – 4 – 8	(1 – 7 – 2 – 4 – 8)	_____	_____
6 – 3 – 1 – 2 – 1	(6 – 3 – 1 – 2 – 1)	_____	_____
1 – 3 – 9 – 6 – 8	(1 – 3 – 9 – 6 – 8)	_____	_____

이 름 _____ 생년월일 _____

사전 검사 날짜 _____ 사후 검사 날짜 _____

지시문 숫자를 몇 개 들려줄 거예요. 잘 듣고, 이번에는 숫자를 거꾸로 말해 보세요. 내가 7 – 3이라고 말하면, 3 – 7이라고 말하면 돼요. 딱 한번만 들려줄 거니까 잘 들어야 해요.

숫자 거꾸로 말하기

숫자	정답	사전 검사	사후 검사
3 – 9	(9 – 3)	_____	_____
6 – 3	(3 – 6)	_____	_____
9 – 7	(7 – 9)	_____	_____
8 – 5	(5 – 8)	_____	_____
2 – 9 – 4	(4 – 9 – 2)	_____	_____
4 – 7 – 3	(3 – 7 – 4)	_____	_____
8 – 5 – 4	(4 – 5 – 8)	_____	_____
7 – 3 – 1	(1 – 3 – 7)	_____	_____
9 – 1 – 2 – 8	(8 – 2 – 1 – 9)	_____	_____
4 – 1 – 5 – 9	(9 – 5 – 1 – 4)	_____	_____
3 – 7 – 1 – 2	(2 – 1 – 7 – 3)	_____	_____
2 – 8 – 7 – 1	(1 – 7 – 8 – 2)	_____	_____
6 – 3 – 1 – 8 – 1	(1 – 8 – 1 – 3 – 6)	_____	_____
7 – 3 – 2 – 4 – 9	(9 – 4 – 2 – 3 – 7)	_____	_____
1 – 3 – 4 – 2 – 7	(7 – 2 – 4 – 3 – 1)	_____	_____
4 – 3 – 7 – 6 – 2	(2 – 6 – 7 – 3 – 4)	_____	_____

2장

숫자 기억해서 말하기

2장 숫자 기억해서 말하기

숫자를 몇 개 들려주면, 아이는 숫자를 기억해 들은 순서대로 혹은 거꾸로 말한다.

활동 방법

— 지시문을 읽어준다.

— 아이는 숫자를 볼 수 없으므로 정확하게, 천천히, 침착한 목소리로 숫자를 읽어준다.

— 숫자를 들은 순서대로 말해야 하는지, 거꾸로 말해야 하는지 확실하게 알려준다.

— 숫자를 거꾸로 말하는 것이 순서대로 말하는 것보다 훨씬 더 어려우므로,
  거꾸로 말할 때는 아이가 잘 하지 못하더라도 차분히 기다려준다.

숫자를 **거꾸로** 말하는 것은
순서대로 말하는 것보다
더 어려운 과제임을 기억하세요!

숫자를 두 개 들려줄 거예요. 잘 듣고, 그대로 말해 보세요.

2 − 5

4 − 9

7 − 3

2 − 5

6 − 9

숫자를 두 개 들려줄 거예요. 잘 듣고, 이번에는 거꾸로 말해 보세요.
내가 2 − 8이라고 말하면, 8 − 2라고 말하세요.

숫자	정답
7 − 2	2 − 7
3 − 1	1 − 3
2 − 8	8 − 2
5 − 1	1 − 5
2 − 6	6 − 2

숫자를 세 개 들려줄 거예요. 잘 듣고, 그대로 말해 보세요.

8 – 5 – 6

5 – 9 – 4

9 – 1 – 7

9 – 1 – 2

7 – 3 – 1

숫자를 세 개 들려줄 거예요. 잘 듣고, 이번에는 거꾸로 말해 보세요.
내가 2 – 8 – 3이라고 말하면, 3 – 8 – 2라고 말하세요.

숫자	정답
2 – 8 – 1	1 – 8 – 2
5 – 2 – 4	4 – 2 – 5
8 – 4 – 2	2 – 4 – 8
1 – 9 – 6	6 – 9 – 1
9 – 7 – 4	4 – 7 – 9

숫자를 네 개 들려줄 거예요. 잘 듣고, 그대로 말해 보세요.

6 – 3 – 9 – 1

1 – 4 – 8 – 9

8 – 4 – 9 – 1

4 – 6 – 1 – 9

7 – 1 – 8 – 3

숫자를 네 개 들려줄 거예요. 잘 듣고, 이번에는 거꾸로 말해 보세요.
내가 2 – 8 – 3 – 7이라고 말하면, 7 – 3 – 8 – 2라고 말하세요.

숫자	정답
3 – 4 – 9 – 8	8 – 9 – 4 – 3
6 – 1 – 8 – 2	2 – 8 – 1 – 6
5 – 3 – 6 – 2	2 – 6 – 3 – 5
6 – 4 – 6 – 1	1 – 6 – 4 – 6
1 – 6 – 7 – 2	2 – 7 – 6 – 1

숫자를 다섯 개 들려줄 거예요. 잘 듣고, 그대로 말해 보세요.

7 − 2 − 9 − 4 − 5

8 − 1 − 2 − 0 − 3

2 − 4 − 7 − 1 − 8

3 − 6 − 1 − 7 − 1

1 − 9 − 8 − 3 − 5

숫자를 여섯 개 들려줄 거예요. 잘 듣고, 거꾸로 말해 보세요.

숫자	정답
7 − 3 − 9 − 1 − 2 − 7	7 − 2 − 1 − 9 − 3 − 7
9 − 4 − 8 − 9 − 5 − 6	6 − 5 − 9 − 8 − 4 − 9
3 − 4 − 9 − 1 − 8 − 2	2 − 8 − 1 − 9 − 4 − 3
1 − 6 − 1 − 9 − 2 − 9	9 − 2 − 9 − 1 − 6 − 1
9 − 1 − 8 − 3 − 1 − 8	8 − 1 − 3 − 8 − 1 − 9

3장

속성에 따라
단어 배열하기

3장 속성에 따라 단어 배열하기

단어의 목록을 듣고 특정 속성에 따라 나열하라고 지시하면, 그 지시에 맞게 단어를 순서대로 말한다.

활동 방법

— 아이에게 지시문을 또박또박, 천천히 하나씩 읽어준다.

— 아이는 단어 목록을 눈으로 볼 수 없으므로 각 단어를 천천히 하나씩
침착한 목소리로 읽어준다.

— 어떤 속성에 따라 단어를 나열해야 하는지 분명하게 알려준다.

— 아이가 잘 모르는 단어가 나오는 경우, 사전에 그림 카드를 보여주거나 대화를 통해
단어에 대해 알려줄 수 있다. 혹은 아이에게 친숙한 단어로 바꾸어 제시할 수도 있다.

작은 것부터 큰 것

* 정답은 p. 30을 참조하세요.

단어를 몇 개 들려줄 거예요. 잘 듣고, **크기가 작은 것부터 큰 것까지 순서대로** 말해 보세요. 예를 들어 내가 고양이, 개미, 소라고 말하면 개미, 고양이, 소라고 대답하는 거예요.

①	소	고양이	돼지
②	토끼	소	개
③	닭	말	염소
④	개미	매미	벼룩
⑤	무당벌레	메뚜기	파리
⑥	말벌	잠자리	모기
⑦	독수리	제비	타조
⑧	백조	비둘기	참새
⑨	오리	참새	공작
⑩	고양이	코끼리	코뿔소
⑪	다람쥐	호랑이	원숭이
⑫	멧돼지	여우	악어

단어를 몇 개 들려줄 거예요. 잘 듣고, **크기가 큰 것부터 작은 것까지**
순서대로 말해 보세요. 예를 들어 내가 귤, 수박, 사과라고 말하면
수박, 사과, 귤이라고 대답하는 거예요.

①	오렌지	체리	자두
②	포도	수박	딸기
③	복숭아	자두	배

④	양배추	콩	애호박
⑤	양파	브로콜리	콩
⑥	무	가지	고추

⑦	땅콩	호두	해바라기씨
⑧	밤	아몬드	깨
⑨	수박씨	포도씨	복숭아씨

⑩	트럭	자전거	자동차
⑪	비행기	버스	오토바이
⑫	소방차	유모차	택시

긴 것부터 짧은 것

단어를 몇 개 들려줄 거예요. 잘 듣고, **길이가 긴 것부터 짧은 것까지**
순서대로 말해 보세요. 예를 들어 내가 펜, 못, 자라고 말하면
자, 펜, 못이라고 대답하는 거예요.

①	크레파스	연필	붓
②	기차	오토바이	트럭
③	야구방망이	칼	망치

④	나무	나무젓가락	나뭇가지
⑤	면봉	칫솔	우산
⑥	바늘	젓가락	밧줄

⑦	바지	치마	양말
⑧	못	빨대	지팡이
⑨	발가락	손가락	팔

⑩	벨트	머리핀	목걸이
⑪	팔찌	목걸이	귀고리
⑫	손목시계	벨트	운동화

단어를 몇 개 들려줄 거예요. 잘 듣고, **키가 작은 것부터 큰 것까지 순서대로** 말해 보세요. 예를 들어 내가 지팡이, 대나무, 잠자리채라고 말하면 지팡이, 잠자리채, 대나무라고 대답하는 거예요.

①	낙타	다람쥐	여우
②	고릴라	닭	염소
③	사자	기린	미어캣

④	비행기	택시	버스
⑤	자전거	아파트	전봇대
⑥	언덕	바위	산

⑦	농구대	책상	쓰레기통
⑧	킥보드	자전거	버스
⑨	세탁기	선풍기	냉장고

⑩	미끄럼틀	사다리차	벤치
⑪	해바라기	화분	나무
⑫	포크레인	구급차	세발자전거

무거운 것부터 가벼운 것

단어를 몇 개 들려줄 거예요. 잘 듣고, **무게가 무거운 것부터 가벼운 것까지 순서대로** 말해 보세요. 예를 들어 내가 휴지, 프라이팬, 사과라고 말하면 프라이팬, 사과, 휴지라고 대답하는 거예요.

①	탁구공	테니스공	축구공
②	풍선	농구공	야구공
③	빗자루	칫솔	자동차
④	잠수함	자전거	스케이트
⑤	킥보드	오토바이	트럭
⑥	종이비행기	낙하산	헬리콥터
⑦	휴대폰	TV	냉장고
⑧	소	코끼리	개
⑨	풍선	수박	계란
⑩	손목시계	의자	침대
⑪	책	컴퓨터	연필
⑫	유리컵	프라이팬	종이컵

단어를 몇 개 들려줄 거예요. 잘 듣고, **두께가 두꺼운 것부터 얇은 것까지 순서대로** 말해 보세요. 예를 들어 내가 종이, 벽돌, 휴대폰이라고 말하면 벽돌, 휴대폰, 종이라고 대답하는 거예요.

①	접시	벽돌	바위
②	침대	책	종이
③	밧줄	털실	머리카락
④	오이	바늘	통나무
⑤	손가락	다리	머리카락
⑥	나뭇가지	바늘	나무둥치
⑦	사마귀	하마	염소
⑧	타이어	접시	케이크
⑨	종이	피자	벽돌
⑩	화살	통나무	곰
⑪	못	망치	바늘
⑫	피자	케이크	타이어

단어를 몇 개 들려줄 거예요. 잘 듣고, **차가운 것부터 뜨거운 것까지 순서대로** 말해 보세요. 예를 들어 내가 다리미, 얼음, 물이라고 말하면 얼음, 물, 다리미라고 대답하는 거예요.

①	사막	눈	열대우림
②	바다	남극	아프리카
③	가을	여름	겨울

④	주스	핫초코	얼음조각
⑤	냉동식품	온천	사과
⑥	꿀	끓는 물	아이스크림

⑦	따뜻한 욕조	눈밭	복도
⑧	고드름	숲	폭발하는 화산
⑨	얼음물	핫초코	수돗물

⑩	호수	북극해	온천
⑪	눈사람	사막	용암
⑫	온천	용암	수돗물

작은 것부터 큰 것

① 고양이 돼지 소
② 토끼 개 소
③ 닭 염소 말

④ 벼룩 개미 매미
⑤ 무당벌레 파리 메뚜기
⑥ 모기 말벌 잠자리

⑦ 제비 독수리 타조
⑧ 참새 비둘기 백조
⑨ 참새 오리 공작

⑩ 고양이 코뿔소 코끼리
⑪ 다람쥐 원숭이 호랑이
⑫ 여우 멧돼지 악어

큰 것부터 작은 것

① 오렌지 자두 체리
② 수박 포도 딸기
③ 배 복숭아 자두

④ 양배추 애호박 콩
⑤ 브로콜리 양파 콩
⑥ 무 가지 고추

⑦ 호두 땅콩 해바라기씨
⑧ 밤 아몬드 깨
⑨ 복숭아씨 수박씨 포도씨

⑩ 트럭 자동차 자전거
⑪ 비행기 버스 오토바이
⑫ 소방차 택시 유모차

<table>
<tr><td colspan="2" align="center">긴 것부터 짧은 것</td><td colspan="2" align="center">키가 작은 것부터 큰 것</td></tr>
</table>

	긴 것부터 짧은 것		키가 작은 것부터 큰 것
①	붓 연필 크레파스	①	다람쥐 여우 낙타
②	기차 트럭 오토바이	②	닭 염소 고릴라
③	야구방망이 망치 칼	③	미어캣 사자 기린
④	나무 나뭇가지 나무젓가락	④	택시 버스 비행기
⑤	우산 칫솔 면봉	⑤	자전거 전봇대 아파트
⑥	밧줄 젓가락 바늘	⑥	바위 언덕 산
⑦	바지 치마 양말	⑦	쓰레기통 책상 농구대
⑧	지팡이 빨대 못	⑧	킥보드 자전거 버스
⑨	팔 손가락 발가락	⑨	선풍기 세탁기 냉장고
⑩	벨트 목걸이 머리핀	⑩	벤치 미끄럼틀 사다리차
⑪	목걸이 팔찌 귀고리	⑪	화분 해바라기 나무
⑫	벨트 운동화 손목시계	⑫	세발자전거 구급차 포크레인

무거운 것부터 가벼운 것

① 축구공 테니스공 탁구공
② 농구공 야구공 풍선
③ 자동차 빗자루 칫솔

④ 잠수함 자전거 스케이트
⑤ 트럭 오토바이 킥보드
⑥ 헬리콥터 낙하산 종이비행기

⑦ 냉장고 TV 휴대폰
⑧ 코끼리 소 개
⑨ 수박 계란 풍선

⑩ 침대 의자 손목시계
⑪ 컴퓨터 책 연필
⑫ 프라이팬 유리컵 종이컵

두꺼운 것부터 얇은 것

① 바위 벽돌 접시
② 침대 책 종이
③ 밧줄 털실 머리카락

④ 통나무 오이 바늘
⑤ 다리 손가락 머리카락
⑥ 나무둥치 나뭇가지 바늘

⑦ 하마 염소 사마귀
⑧ 타이어 케이크 접시
⑨ 벽돌 피자 종이

⑩ 곰 통나무 화살
⑪ 망치 못 바늘
⑫ 타이어 케이크 피자

차가운 것부터 뜨거운 것

① 눈 열대우림 사막
② 남극 바다 아프리카
③ 겨울 가을 여름

④ 얼음조각 주스 핫초코
⑤ 냉동식품 사과 온천
⑥ 아이스크림 꿀 끓는 물

⑦ 눈밭 복도 따뜻한 욕조
⑧ 고드름 숲 폭발하는 화산
⑨ 얼음물 수돗물 핫초코

⑩ 북극해 호수 온천
⑪ 눈사람 사막 용암
⑫ 수돗물 온천 용암

4장

색칠하기

4장 색칠하기

지시문을 들려주면, 아이들이 그 지시에 따라 그림을 색칠한다.

준비물

- 그림 복사본
- 색연필
- 가위
- p. 49의 평가지 복사본

활동 방법

— 시작하기 전에 그림을 여러 장 복사해둔다.
— 그림 복사본을 주고 각 부위의 주요 명칭과 오른쪽, 왼쪽을 구분해 알려준다.
— 분명한 목소리로 천천히 지시문을 읽어준다.
— 아이의 능력에 따라 지시문을 반복해서 읽어줄 수도 있다.
— 지시문에 맞게 색칠하는지 살펴보면서 평가지에 기록한다.

단계별 활동이 완료되면, 아이가 결과물을 스스로 확인해 볼 수 있도록 전체 지시문을 한 번씩 더 들려준다. 초급 단계에서 어려움을 겪는 경우 초급 단계 활동을 다시 해보게 하고, 중급 단계로 넘어가기 전에 추가적인 스캐폴딩(scaffolding, 학습을 촉진하기 위해 한시적으로 적절한 지원을 제공하는 것–옮긴이)을 제공한다. 단계마다 그림 복사본이 새로 필요하므로, 미리 준비해둔다.

pp. 38-48 색칠하기 활동시,
각 번호의 **지시문을 끝까지 듣고**
색칠할 수 있도록 도와주세요.

집 색칠하기

집 그림은 〈부록〉 p. 174에서 복사해서 사용하세요.
단계가 바뀔 때마다 그림의 새 복사본이 필요합니다.

준비물 그림 복사본(p. 174)
평가지 복사본 (p. 49)

1. 집 앞면의 왼쪽 창문을 초록색으로 색칠하세요.

2. 키가 큰 나무를 노란색으로 색칠하세요.

3. 굴뚝의 앞면을 파란색으로 색칠하세요.

4. 가운데에 있는 산을 갈색으로 색칠하세요.

5. 집의 왼쪽 문을 빨간색으로 색칠하세요.

6. 굴뚝의 옆면을 초록색으로 색칠하세요.

7. 집 옆면에 있는 위쪽 창문을 노란색으로 색칠하세요.

8. 헛간의 지붕을 파란색으로 색칠하세요.

준비물 그림 복사본(p. 174)
평가지 복사본 (p. 49)

1. 왼쪽에 있는 산을 파란색으로, 헛간의 창문을 빨간색으로 색칠하세요.

2. 키가 작은 삼각형 모양의 나무를 주황색으로, 집의 오른쪽 문을 초록색으로 색칠하세요.

3. 집 옆면의 왼쪽 아래 창문을 파란색으로, 굴뚝의 꼭대기를 회색으로 색칠하세요.

4. 굴뚝의 왼쪽 편 지붕은 회색으로, 굴뚝의 오른쪽 편 지붕은 주황색으로 색칠하세요.

5. 오른쪽에 있는 산의 꼭대기를 보라색으로, 집의 왼쪽에 있는 작은 나무들을 노란색으로 색칠하세요.

준비물 그림 복사본(p. 174)
평가지 복사본 (p. 49)

1. 오른쪽에 있는 산의 밑부분을 주황색으로 색칠한 후, 키가 큰 나무 가까이에 있는 두 개의 작은 나무들을 보라색으로 색칠하세요.

2. 키가 큰 나무 밑부분을 초록색으로 색칠한 후, 집 옆면의 오른쪽 아래 창문을 파란색으로 색칠하세요.

3. 가운데 산의 꼭대기를 빨간색으로 색칠하기 전에, 집 앞면 오른쪽 창문을 파란색으로 색칠하세요.

4. 집의 왼쪽 문을 초록색으로 동그라미(O)한 다음, 굴뚝을 파란색 으로 동그라미(O)하세요

5. 집 왼쪽에 있는 나무들의 밑부분을 초록색으로 색칠하고, 그 다음 에 집으로 향하는 길을 노란색으로 색칠하세요.

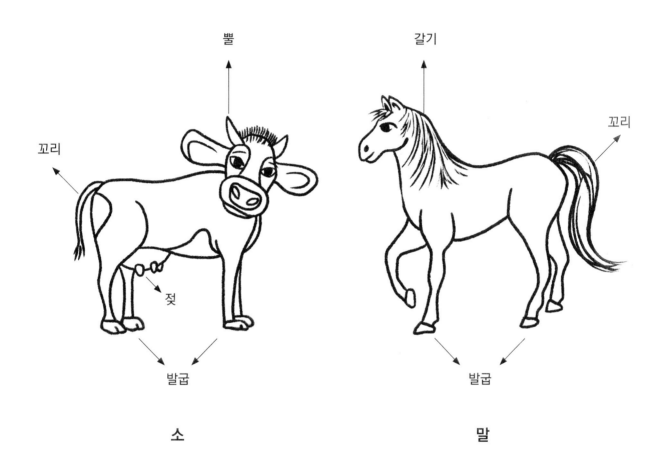

동물 그림은 〈부록〉 p. 175에서 복사해서 사용하세요.
단계가 바뀔 때마다 그림의 새 복사본이 필요합니다.

준비물   그림 복사본(p. 175)
평가지 복사본 (p. 49)

1. 소의 귀를 갈색으로 색칠하세요.

2. 소의 코를 검정색으로 색칠하세요.

3. 말의 꼬리를 초록색으로 색칠하세요.

4. 말의 갈기를 노란색으로 색칠하세요.

5. 소의 발굽을 빨간색으로 색칠하세요.

6. 말의 앞다리 두 개를 주황색으로 색칠하세요.

7. 소의 뿔을 초록색으로 색칠하세요.

8. 소의 꼬리를 노란색으로 색칠하세요.

준비물　그림 복사본(p. 175)
평가지 복사본 (p. 49)

1. 말의 꼬리를 파란색으로, 소의 양쪽 귀를 노란색으로 색칠하세요.

2. 소의 뒷다리들은 주황색으로, 소의 양쪽 뿔은 초록색으로 색칠하세요.

3. 말의 머리는 갈색으로, 말의 뒷다리들은 주황색으로, 소의 꼬리는 파란색으로 색칠하세요.

4. 말의 발굽은 초록색으로, 소의 앞다리들은 갈색으로, 말의 양쪽 귀는 노란색으로 색칠하세요.

5. 말의 갈기는 초록색으로, 소의 젖은 빨간색으로, 소와 말의 양쪽 눈은 파란색으로 색칠하세요.

준비물　그림 복사본(p. 175)
평가지 복사본 (p. 49)

1. 소의 젖을 주황색으로 색칠하고, 말의 머리를 주황색으로 색칠하세요.

2. 말의 앞다리들을 갈색으로 색칠한 후, 소의 양쪽 귀를 빨간색으로 색칠하세요.

3. 소의 발굽을 초록색으로 색칠하기 전에, 말의 발굽을 주황색으로 색칠하세요.

4. 말의 꼬리를 파란색으로 색칠하고 난 다음, 소의 코를 노란색으로 색칠하세요.

5. 소의 꼬리를 빨간색으로 색칠하고 난 다음, 말의 앞다리 두 개를 파란색으로 동그라미(O)하세요.

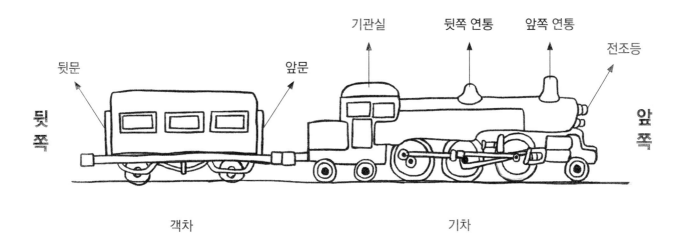

기차 그림은 〈부록〉 p. 176에서 복사해서 사용하세요.
단계가 바뀔 때마다 그림의 새 복사본이 필요합니다.

준비물 그림 복사본(p. 176)
평가지 복사본 (p. 49)

1. 객차를 빨간색으로 색칠하세요.

2. 기차를 초록색으로 색칠하세요.

3. 객차의 앞문을 파란색으로 색칠하세요.

4. 기차의 작은 앞바퀴를 노란색으로 색칠하세요.

5. 기차의 작은 뒷바퀴를 초록색으로 색칠하세요.

6. 객차의 가운데 창문을 주황색으로 색칠하세요.

7. 객차의 뒷바퀴를 검정색으로 색칠하세요.

8. 기차의 큰 바퀴 중 가운데 바퀴를 파란색으로 색칠하세요.

준비물　그림 복사본(p. 176)
평가지 복사본 (p. 49)

1. 앞쪽 연통을 파란색으로, 뒷쪽 연통을 회색으로 색칠하세요.

2. 객실의 앞쪽 창문을 초록색으로, 기차의 큰 바퀴 중 오른쪽 바퀴를 주황색으로 색칠하세요.

3. 기차의 작은 뒷바퀴 두 개를 파란색으로, 객차의 앞바퀴를 노란색으로 색칠하세요.

4. 기관실 창문을 노란색으로, 객차의 뒷쪽 창문을 보라색으로 색칠하세요.

5. 기차의 큰 바퀴 중 왼쪽 바퀴를 보라색으로, 객차의 뒷바퀴를 검정색으로 색칠하세요.

준비물　그림 복사본(p. 176)
평가지 복사본 (p. 49)

1. 객차의 가운데 창문을 파란색으로, 객차의 앞바퀴를 노란색으로, 객차의 앞문을 빨간색으로 색칠하세요.

2. 기관실 창문을 회색으로 색칠한 후, 기차의 뒷바퀴 두개를 검정색으로 색칠하세요.

3. 앞쪽 연통을 회색으로 색칠하기 전에, 뒷쪽 연통을 파란색으로 색칠하세요.

4. 기차의 큰 바퀴 세 개 중에 가운데 바퀴는 파란색으로, 나머지 두 바퀴는 초록색으로 색칠하세요.

5. 기차의 전조등을 파란색으로 색칠하고 나서 객차의 뒷문을 보라색으로 색칠하세요.

단계마다 지시문에 맞게 색칠하면 O표시하고, 그렇지 않으면 X표시한다.

집 색칠하기

초급 ___ ___ ___ ___ ___ ___ ___ ___

중급 ___ ___ ___ ___ ___

고급 ___ ___ ___ ___

동물 색칠하기

초급 ___ ___ ___ ___ ___ ___ ___ ___

중급 ___ ___ ___ ___ ___

고급 ___ ___ ___ ___

기차 색칠하기

초급 ___ ___ ___ ___ ___ ___ ___ ___

중급 ___ ___ ___ ___ ___

고급 ___ ___ ___ ___

5장

가구 배치하기

5장 가구 배치하기

지시에 따라 방 안에 가구를 배치한다. 왼쪽, 오른쪽 개념을 헷갈려하는 경우, p. 181에 있는 왼쪽/오른쪽 표시물을 사용하도록 독려한다.

준비물

- 평면도 복사본
- 가구 복사본
- 왼쪽/오른쪽 표시물(p. 181) 복사본 (선택)
- 각 단계 끝에 삽입되어 있는 평가지 복사본
- 가위

활동 방법

— 시작하기 전에 평면도와 가구를 pp. 177-178에서 복사해둔다.
— 평면도(p.53)와 가구(p.54)를 보여주며 각각에 대해 설명한다.
— 어떤 공간에 어떤 가구가 들어가야 할지 추측하도록 유도한다.
— 지금부터 집 안에 가구를 배치할 것이라고 설명하고, 신중하고 정확하게 지시를 따라야 한다고 말해준다.
— 지시문에 따라 가구를 정확히 배치하는지 살펴보면서 평가지에 기록한다.

초급 단계에서 어려움을 겪는 경우 초급 단계 활동을 다시 해보게 하고, 중급 단계로 넘어가기 전에 추가적인 스캐폴딩(scaffolding)을 제공한다.

pp. 55-86 가구 배치하기 활동시,
각 번호의 **지시문을 끝까지 듣고**
가구를 배치할 수 있도록 도와주세요.

평면도

| 거실 | 욕실 | 침실 1 |
| | 주방 | 침실 2 |

평면도는 〈부록〉 p. 177에서 복사해서 사용하세요.

가구

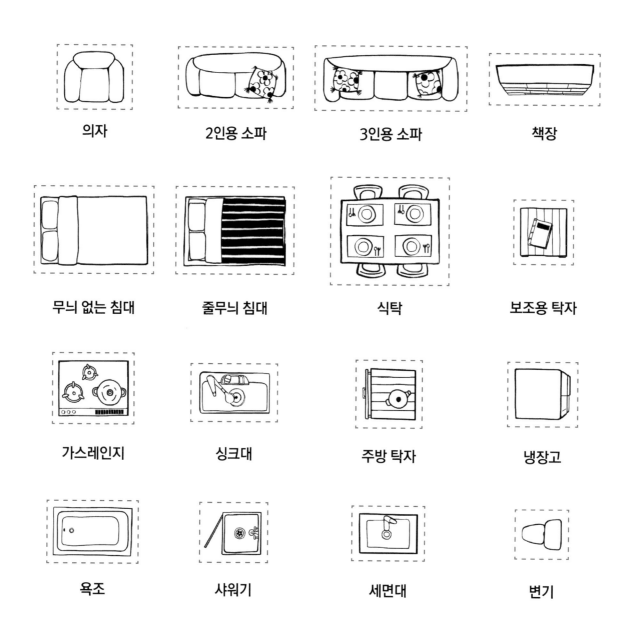

의자

2인용 소파

3인용 소파

책장

무늬 없는 침대

줄무늬 침대

식탁

보조용 탁자

가스레인지

싱크대

주방 탁자

냉장고

욕조

샤워기

세면대

변기

〈부록〉 p. 178에서 복사해서 사용하세요.

준비물   평면도 복사본(p. 177)
가구 복사본(p. 178)
평가지 복사본 (p. 65)

활동 1

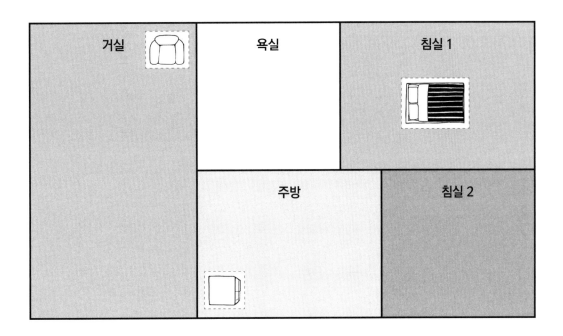

1. 냉장고, 줄무늬 침대, 의자를 집으세요.

2. 냉장고를 주방 아래 왼쪽 구석에 놓으세요.

3. 줄무늬 침대를 침실1의 가운데에 놓으세요.

4. 의자를 거실 위 오른쪽 구석에 놓으세요.

활동 2

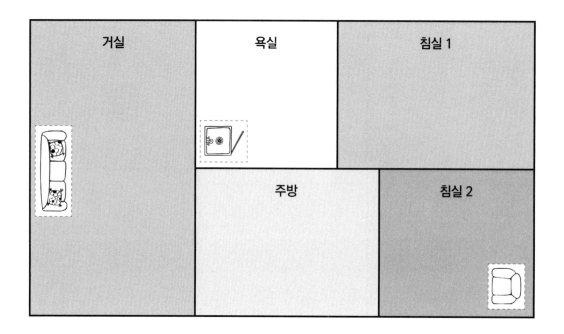

1. 3인용 소파, 샤워기, 의자를 집으세요.

2. 의자를 침실2의 아래 오른쪽 구석에 놓으세요.

3. 샤워기를 욕실 아래 왼쪽 구석에 놓으세요.

4. 3인용 소파를 거실 왼쪽 벽을 따라 놓으세요.

활동 3

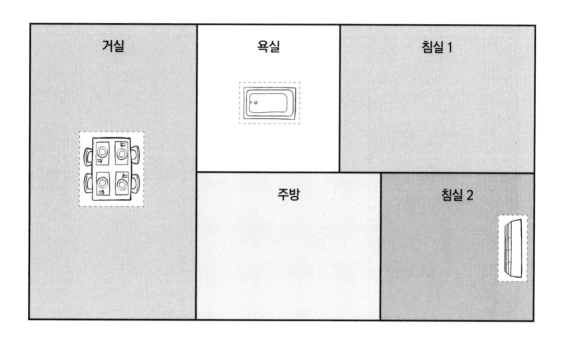

1. 식탁, 욕조, 책장을 집으세요.

2. 식탁을 거실 가운데에 놓으세요.

3. 욕조를 욕실 가운데에 가로로 놓으세요.

4. 책장을 침실2의 오른쪽 벽을 따라 놓으세요.

활동 4

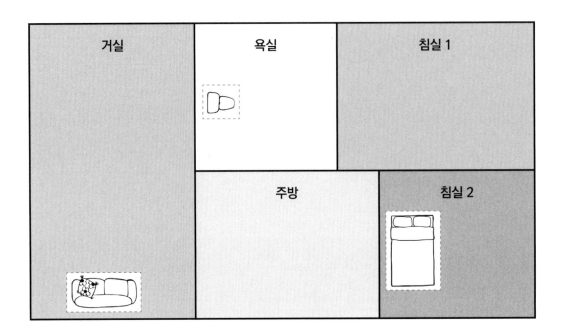

1. 2인용 소파, 변기, 무늬 없는 침대를 집으세요.

2. 변기를 욕실 왼쪽 벽에 놓으세요.

3. 2인용 소파를 거실 바닥 벽을 따라 놓으세요.

4. 무늬 없는 침대를 침실2의 왼쪽 벽을 따라 놓으세요.

활동 5

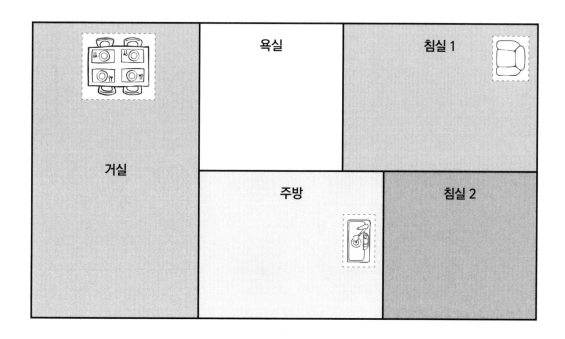

1. 식탁, 싱크대, 의자를 집으세요.

2. 식탁을 거실 위쪽 벽을 따라 놓으세요.

3. 싱크대를 주방 오른쪽 벽을 따라 놓으세요.

4. 의자를 침실1의 오른쪽 위 구석에 놓으세요.

활동 6

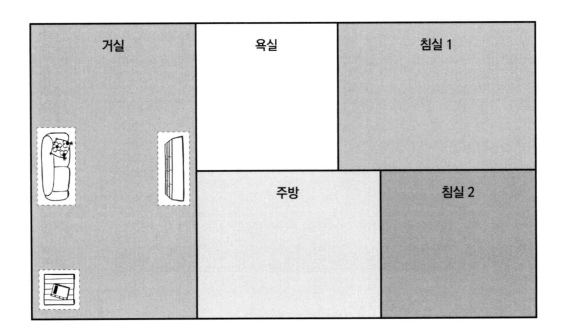

1. 2인용 소파, 보조용 탁자, 책장을 집으세요.

2. 2인용 소파를 거실 왼쪽 벽 중간에 놓으세요.

3. 보조용 탁자를 거실 아래 왼쪽 구석에 놓으세요.

4. 책장을 2인용 소파 맞은편에 놓으세요.

활동 7

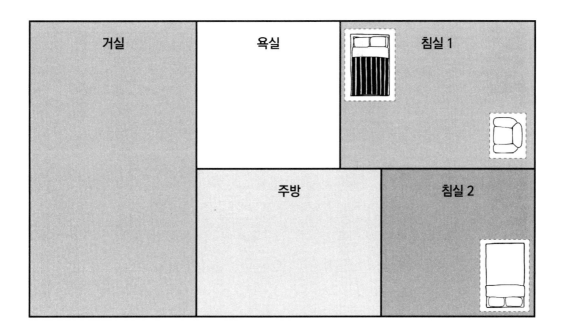

1. 줄무늬 침대, 무늬 없는 침대, 의자를 집으세요.

2. 줄무늬 침대를 침실1의 위쪽 벽에 베개가 오도록 해서 왼쪽 구석에 놓으세요.

3. 의자를 침실1의 아래 오른쪽 구석에 놓으세요.

4. 무늬 없는 침대를 침실 2의 아래쪽 벽에 베개가 오도록 해서 오른쪽 구석에 놓으세요.

활동 8

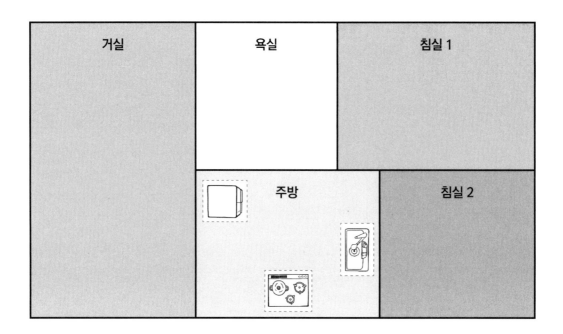

거실	욕실	침실 1
	주방	침실 2

1. 싱크대, 냉장고, 가스레인지를 집으세요.

2. 가스레인지를 주방 아래쪽 벽에 놓으세요.

3. 싱크대를 주방 오른쪽 벽을 따라 놓으세요.

4. 냉장고를 주방 위 왼쪽 구석에 놓으세요.

활동 9

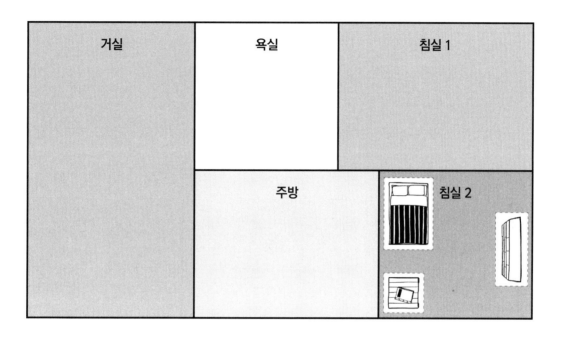

1. 줄무늬 침대, 책장, 보조용 탁자를 집으세요.

2. 줄무늬 침대를 침실2의 위 왼쪽 구석에 놓으세요.

3. 보조용 탁자를 침실2의 아래 왼쪽 구석에 놓으세요.

4. 책장을 침실2의 오른쪽 벽을 따라 놓으세요.

활동 10

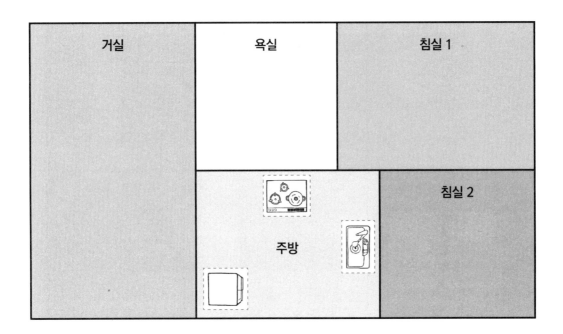

1. 가스레인지, 싱크대, 냉장고를 집으세요.

2. 가스레인지를 주방 가운데에 위쪽 벽을 따라 놓으세요.

3. 냉장고를 주방 아래 왼쪽 구석에 놓으세요.

4. 싱크대를 주방 가운데에 오른쪽 벽을 따라 놓으세요.

활동1에서 활동10까지 활동마다 4개의 지시문을 각기 올바르게 수행하면

O표시하고, 그렇지 않으면 X표시한다.

초급 단계

활동 1 ＿＿ ＿＿ ＿＿ ＿＿   활동 6 ＿＿ ＿＿ ＿＿ ＿＿

활동 2 ＿＿ ＿＿ ＿＿ ＿＿   활동 7 ＿＿ ＿＿ ＿＿ ＿＿

활동 3 ＿＿ ＿＿ ＿＿ ＿＿   활동 8 ＿＿ ＿＿ ＿＿ ＿＿

활동 4 ＿＿ ＿＿ ＿＿ ＿＿   활동 9 ＿＿ ＿＿ ＿＿ ＿＿

활동 5 ＿＿ ＿＿ ＿＿ ＿＿   활동 10 ＿＿ ＿＿ ＿＿ ＿＿

준비물 평면도 복사본(p. 177)
가구 복사본(p. 178)
평가지 복사본 (p. 76)

활동 1

거실	욕실	침실 1
	주방	침실 2

1. 식탁, 2인용 소파, 줄무늬 침대, 싱크대를 집으세요.

2. 식탁을 거실 가운데에 놓고, 소파를 거실 아래쪽 벽에 놓으세요.

3. 줄무늬 침대를 침실2의 위쪽 벽 방향으로 베개가 오도록 해서 침실 가운데에 놓으세요.

4. 싱크대를 주방 오른쪽 벽을 따라 놓으세요.

활동 2

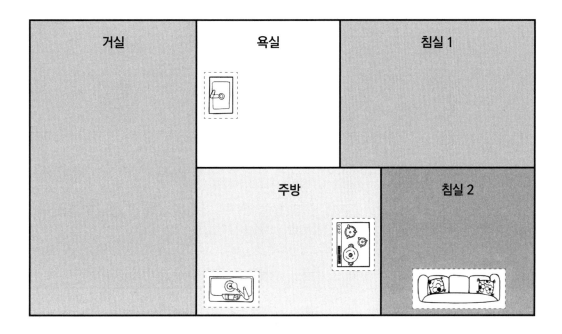

1. 세면대, 3인용 소파, 가스레인지, 싱크대를 집으세요.

2. 주방 싱크대를 주방 아래 왼쪽 구석에 놓고, 가스레인지를
   주방 오른쪽 벽을 따라 놓으세요.

3. 3인용 소파를 침실2의 아래쪽 벽을 따라 놓으세요.

4. 세면대를 욕실 왼쪽 벽을 따라 놓으세요.

활동 3

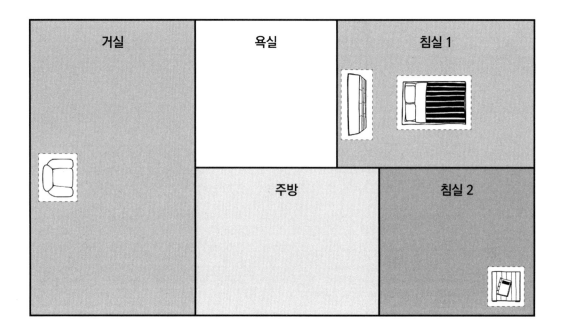

1. 보조용 탁자, 의자, 줄무늬 침대, 책장을 집으세요.

2. 줄무늬 침대를 침실1의 가운데에 놓고, 보조용 탁자를 침실2의 아래 오른쪽 구석에 놓으세요.

3. 책장을 침실1의 왼쪽 벽을 따라 놓으세요.

4. 의자를 거실 왼쪽 벽 중간에 놓으세요.

활동 4

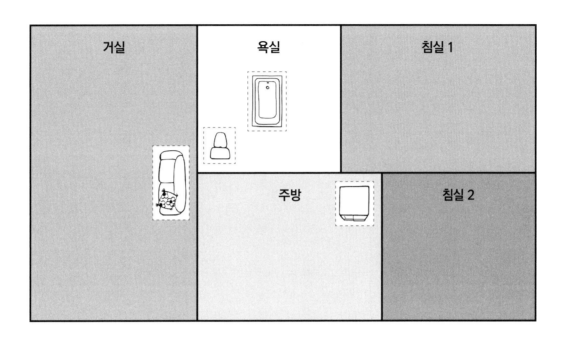

1. 2인용 소파, 변기, 욕조, 냉장고를 집으세요.

2. 변기를 욕실 아래 왼쪽 구석에 놓고, 욕조를 욕실 가운데에 세로로 놓으세요.

3. 2인용 소파를 거실 오른쪽 벽을 따라 중앙에 놓으세요.

4. 냉장고를 주방 위 오른쪽 구석에 놓으세요.

활동 5

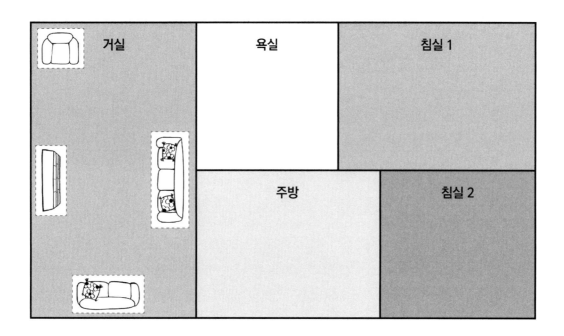

 1. 2인용 소파, 3인용 소파, 책장, 의자를 집으세요.

2. 2인용 소파를 거실 아래쪽 벽에 놓고, 의자를 거실 위 왼쪽에 놓으세요.

3. 3인용 소파를 거실 오른쪽 벽 중간에 놓으세요.

4. 책장을 3인용 소파 맞은편에 놓으세요.

활동 6

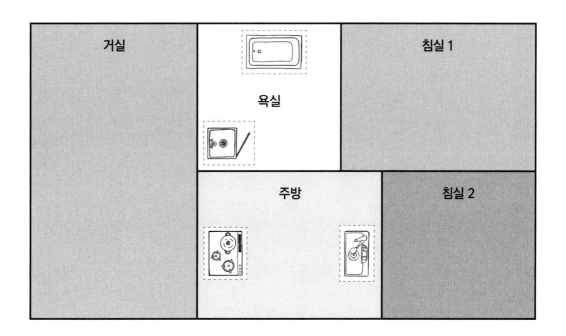

1. 욕조, 샤워기, 싱크대, 가스레인지를 집으세요.

2. 가스레인지를 주방 왼쪽 벽을 따라 놓고, 싱크대를 주방 오른쪽 벽을 따라 놓으세요.

3. 욕조를 욕실 위쪽 중앙에 놓으세요.

4. 샤워기를 욕실 아래 왼쪽 구석에 놓으세요.

활동 7

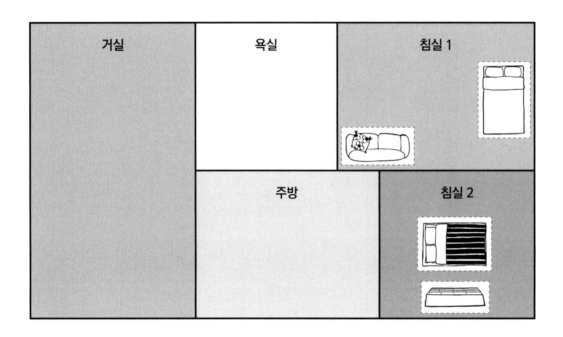

1. 무늬 없는 침대, 줄무늬 침대, 2인용 소파, 책장을 집으세요.

2. 무늬 없는 침대를 침실1의 오른쪽 벽을 따라 세로로 놓고,
   줄무늬 침대를 침실2의 가운데에 가로로 놓으세요.

3. 책장을 침실2의 아래쪽 벽을 따라 놓으세요.

4. 2인용 소파를 침실1의 아래 왼쪽 구석에 놓으세요.

활동 8

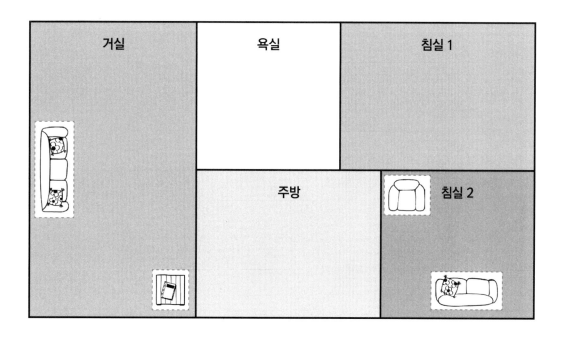

1. 3인용 소파, 보조용 탁자, 의자, 2인용 소파를 집으세요.

2. 3인용 소파를 거실 왼쪽 벽 중간에 놓고, 의자를 침실2의 위 왼쪽 구석에 놓으세요.

3. 2인용 소파를 침실2의 아래쪽 벽에 놓으세요.

4. 보조용 탁자를 거실 아래 오른쪽 구석에 놓으세요.

활동 9

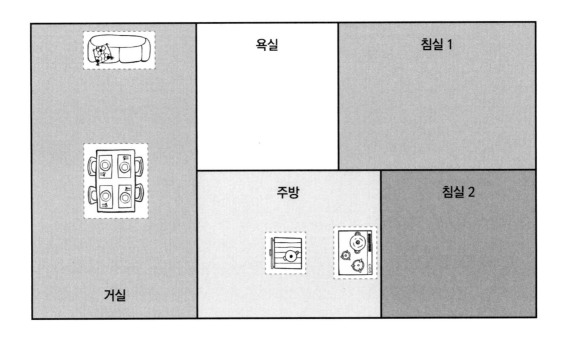

1. 식탁, 주방 탁자, 가스레인지, 2인용 소파를 집으세요.

2. 식탁을 거실의 중앙에 놓고, 주방 탁자를 주방 중앙에 놓으세요.

3. 2인용 소파를 거실 위쪽 벽을 따라 놓으세요.

4. 가스레인지를 주방 오른쪽 벽을 따라 놓으세요.

활동 10

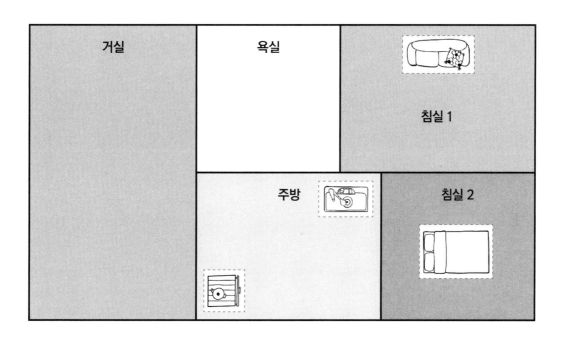

 1. 주방 탁자, 싱크대, 2인용 소파, 무늬 없는 침대를 집으세요.

2. 주방 탁자를 주방 아래 왼쪽 구석에 놓고, 싱크대를 주방 위 오른쪽 구석에 놓으세요.

3. 무늬 없는 침대를 침실2의 중앙에 놓으세요.

4. 2인용 소파를 침실1의 위쪽 벽을 따라 가운데에 놓으세요.

활동1에서 활동10까지 활동마다 4개의 지시문을 각기 올바르게 수행하면
O표시하고, 그렇지 않으면 X표시한다.

중급 단계

활동 1 ____ ____ ____ ____   활동 6 ____ ____ ____ ____

활동 2 ____ ____ ____ ____   활동 7 ____ ____ ____ ____

활동 3 ____ ____ ____ ____   활동 8 ____ ____ ____ ____

활동 4 ____ ____ ____ ____   활동 9 ____ ____ ____ ____

활동 5 ____ ____ ____ ____   활동 10 ____ ____ ____ ____

준비물 평면도 복사본(p. 177)
가구 복사본(p. 178)
평가지 복사본 (p. 87)

활동 1

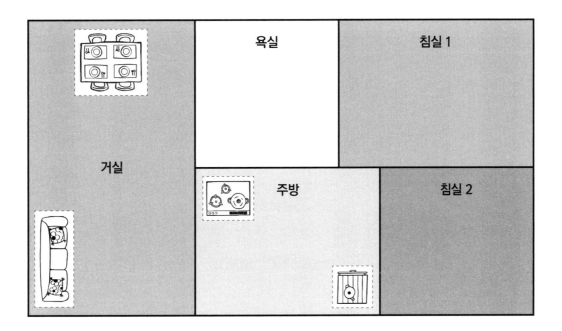

1. 식탁, 주방 탁자, 가스레인지, 3인용 소파를 집으세요.

2. 주방 탁자를 주방 아래 오른쪽 구석에 놓고, 가스레인지를 주방 위 왼쪽 구석에 놓으세요.

3. 3인용 소파를 거실 아래 왼쪽 구석에 놓으세요.

4. 식탁을 거실 위 벽을 따라 가운데에 놓으세요.

활동 2

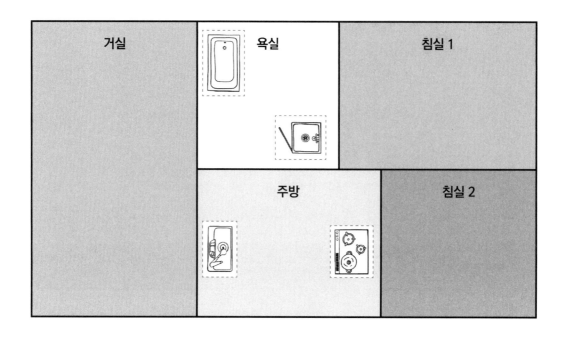

1. 욕조, 샤워기, 싱크대, 가스레인지를 집으세요.

2. 싱크대를 주방 왼쪽 벽을 따라 놓기 전, 가스레인지를 주방 오른쪽 벽을 따라 놓으세요.

3. 욕조를 욕실 위 왼쪽 구석에 똑바로 놓으세요.

4. 샤워기를 욕실 아래 오른쪽 구석에 놓으세요.

활동 3

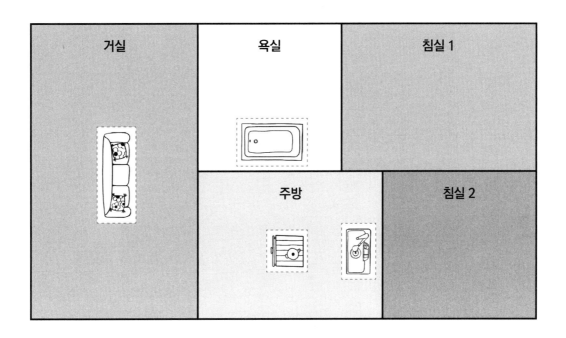

1. 욕조, 3인용 소파, 주방 탁자, 싱크대를 집으세요.

2. 주방 탁자를 주방 가운데에 놓기 전에, 3인용 소파를 거실 가운데에 놓으세요.

3. 싱크대를 주방의 오른쪽 벽을 따라 놓으세요.

4. 욕조를 욕실 아래 벽을 따라 가운데에 놓으세요.

활동 4

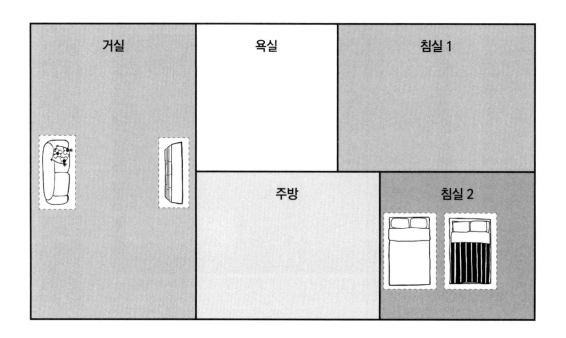

1. 무늬 없는 침대, 줄무늬 침대, 2인용 소파, 책장을 집으세요.

2. 무늬 없는 침대를 침실2의 왼쪽 벽을 따라 놓은 후, 줄무늬 침대를 침실2의 무늬 없는 침대 옆에 놓으세요.

3. 책장을 거실 오른쪽 벽을 따라 가운데에 놓으세요.

4. 2인용 소파를 거실에 있는 책장 맞은편에 놓으세요.

활동 5

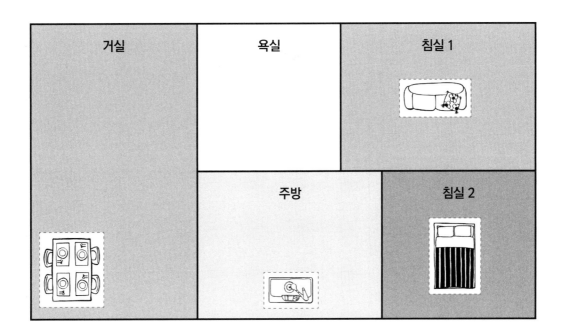

1. 식탁, 2인용 소파, 줄무늬 침대, 싱크대를 집으세요.

2. 식탁을 거실 아래 왼쪽 구석에 놓고, 싱크대를 주방 아래 벽을 따라 가운데에 놓으세요.

3. 줄무늬 침대를 침실2의 가운데에 베개 부분이 위로 오도록 놓으세요.

4. 2인용 소파를 침실1의 가운데에 놓으세요.

활동 6

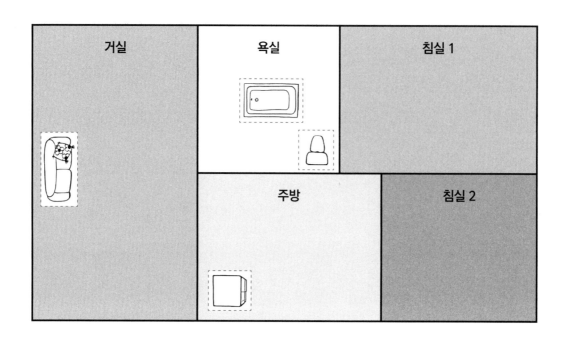

1. 2인용 소파, 변기, 욕조, 냉장고를 집으세요.

2. 변기를 욕실 아래 오른쪽 구석에 놓기 전, 욕조를 욕실 가운데에 놓으세요.

3. 2인용 소파를 거실 왼쪽 벽을 따라 중간에 놓으세요.

4. 냉장고를 주방 아래 왼쪽 구석에 놓으세요.

활동 7

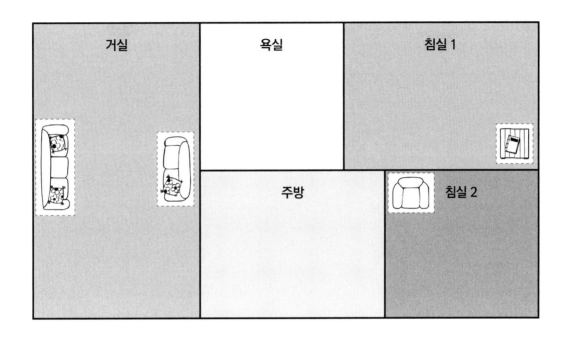

1. 3인용 소파, 보조용 탁자, 의자, 2인용 소파를 집으세요.

2. 보조용 탁자를 침실1의 아래 오른쪽 구석에 놓은 후,
   의자를 침실2의 위 왼쪽 구석에 놓으세요.

3. 2인용 소파를 거실의 오른쪽 벽을 따라 중간에 놓으세요.

4. 3인용 소파를 2인용 소파 맞은편에 놓으세요.

활동 8

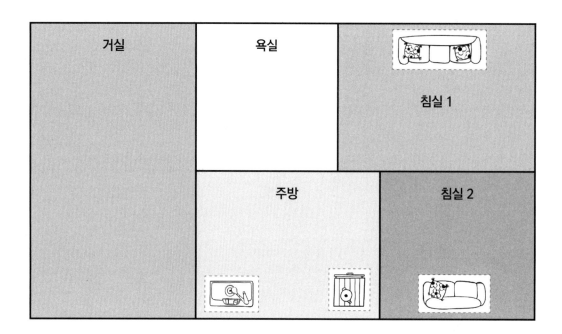

1. 주방 탁자, 싱크대, 2인용 소파, 3인용 소파를 집으세요.

2. 주방 탁자를 주방 아래 오른쪽 구석에 놓기 전, 싱크대를 주방 아래 왼쪽 구석에 놓으세요.

3. 2인용 소파를 침실2의 아래쪽 벽에 놓으세요.

4. 3인용 소파를 침실1의 위쪽 벽에 놓으세요.

활동 9

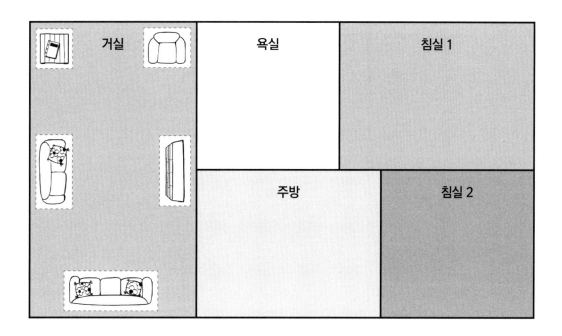

 1. 3인용 소파, 보조용 탁자, 의자, 2인용 소파, 책장을 집으세요.

2. 보조용 탁자를 거실 위 왼쪽 구석에 놓은 후, 의자를 거실 위 오른쪽 구석에 놓으세요.

3. 2인용 소파를 거실 왼쪽 벽 중간에 놓고, 책장을 맞은편에 놓으세요.

4. 3인용 소파를 거실 아래쪽 벽을 따라 놓으세요.

활동 10

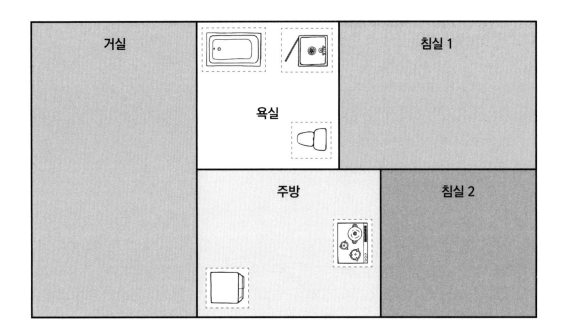

1. 변기, 욕조, 샤워기, 냉장고, 가스레인지를 집으세요.

2. 변기를 욕실 아래 오른쪽 구석에 놓기 전, 욕조를 위 왼쪽 구석에 놓으세요.

3. 냉장고를 주방 아래 왼쪽 구석에 놓은 후, 가스레인지를 주방의 오른쪽 벽을 따라 중간에 놓으세요.

4. 샤워기를 욕실 위 오른쪽 구석에 놓으세요.

평가지

활동1에서 활동10까지 활동마다 4개의 지시문을 각기 올바르게 수행하면
O표시하고, 그렇지 않으면 X표시한다.

고급 단계

활동 1 ＿＿ ＿＿ ＿＿ ＿＿   활동 6 ＿＿ ＿＿ ＿＿ ＿＿

활동 2 ＿＿ ＿＿ ＿＿ ＿＿   활동 7 ＿＿ ＿＿ ＿＿ ＿＿

활동 3 ＿＿ ＿＿ ＿＿ ＿＿   활동 8 ＿＿ ＿＿ ＿＿ ＿＿

활동 4 ＿＿ ＿＿ ＿＿ ＿＿   활동 9 ＿＿ ＿＿ ＿＿ ＿＿

활동 5 ＿＿ ＿＿ ＿＿ ＿＿   활동 10 ＿＿ ＿＿ ＿＿ ＿＿

6장

도형 배치하기

6장 도형 배치하기

지시문을 듣고 상자 안에 도형을 배치한다.

준비물

- 상자 복사본
- 도형 복사본
- 가위
- 각 단계 끝에 삽입되어 있는 평가지 복사본

활동 방법

— 시작하기 전에 상자와 도형을 pp. 179-180에서 복사해둔다.

— 상자와 도형을 보여주며 각각에 대해 설명한다.

— 지시에 따라 상자 안에 도형을 배치하는 활동이라고 설명하고, 지금부터 신중하고 정확하게 지시를 따르라고 말한다.

— 상자 안에 도형을 놓는 동안 아이들은 정답 그림을 볼 수 없도록 한다.

— 지시문에 따라 도형을 정확하게 놓는지 살펴보면서 평가지에 기록한다.

아이의 능력에 따라 지시문을 반복해서 읽어줄 수도 있다. 각각의 활동이 끝나면 정답을 보여준다. 초급 단계에서 어려움을 겪는 경우 초급 단계 활동을 다시 해보게 하고, 중급 단계로 넘어가기 전에 추가적인 스캐폴딩(scaffolding)을 제공한다.

pp. 93-124 도형 배치하기 활동시, 각 번호의 **지시문을 끝까지 듣고** 도형을 배치할 수 있도록 도와주세요.

상자

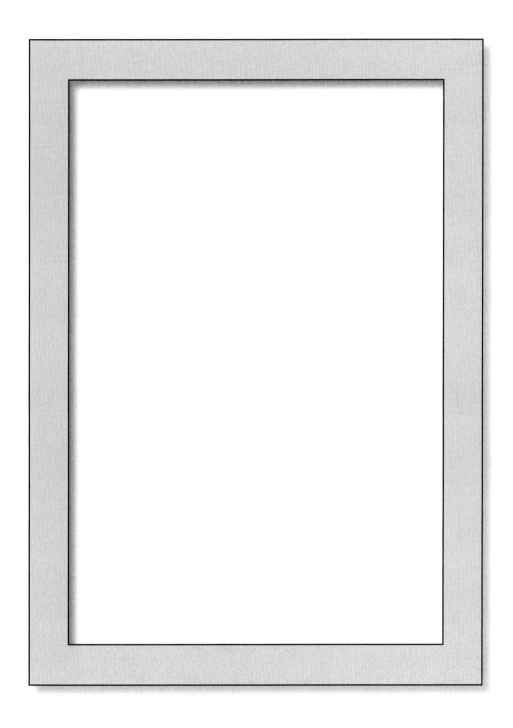

p. 179를 복사해서 오려둔다. 내구성을 위해 코팅을 하면 좋다.

도형

p. 180을 복사해 각각의 도형을 잘라낸 다음, 내구성을 위해 코팅을 해둔다. 코팅한 도형 아래쪽에 작은 사각형 카드 조각을 붙여두는 것도 좋다. 이렇게 하면 도형을 집어 옮길 때 수월하게 할 수 있다.

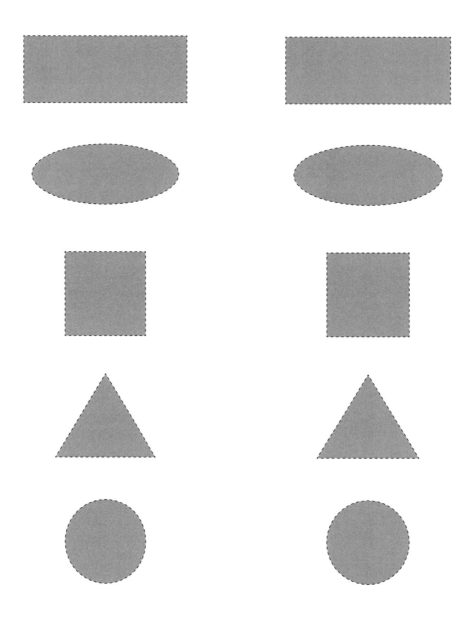

준비물 상자 복사본(p. 179)
도형 복사본(p. 180)
평가지 복사본 (p. 103)

활동 1

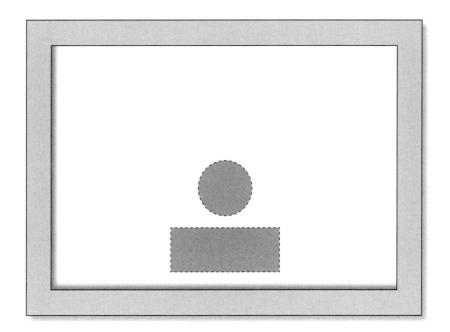

1. 직사각형과 원을 집으세요.

2. 직사각형을 상자 아래쪽 가운데에 가로로 놓으세요.

3. 원을 직사각형 위, 상자의 가운데에 놓으세요.

활동 2

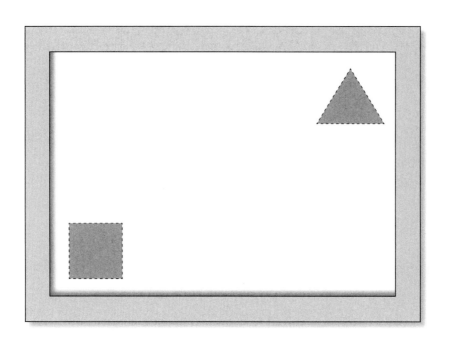

1. 정사각형과 삼각형을 집으세요.

2. 정사각형을 상자 왼쪽 아래 구석에 놓으세요.

3. 삼각형을 상자 오른쪽 위 구석에 놓으세요.

활동 3

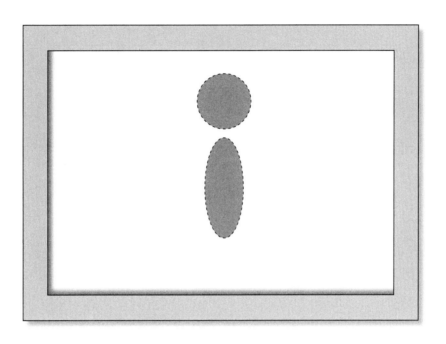

1. 타원과 원을 집으세요.

2. 타원을 상자 가운데에 세로로 놓으세요.

3. 원을 타원 위에 놓으세요.

활동 4

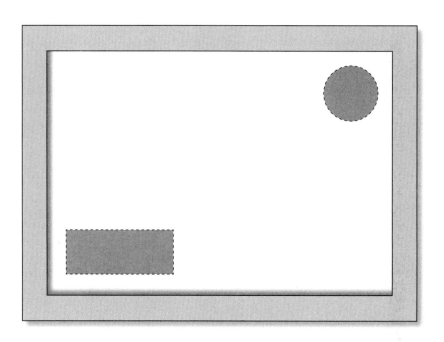

1. 직사각형과 원을 집으세요.

2. 직사각형을 상자 왼쪽 아래 구석에 가로로 놓으세요.

3. 원을 상자 오른쪽 위 구석에 놓으세요.

활동 5

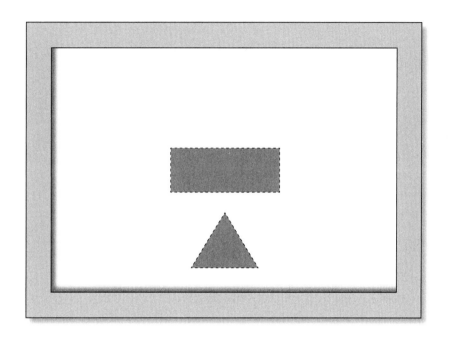

1. 직사각형과 삼각형을 집으세요.

2. 직사각형을 상자 중앙에 가로로 놓으세요.

3. 삼각형을 직사각형 아래 가운데에 놓으세요.

활동 6

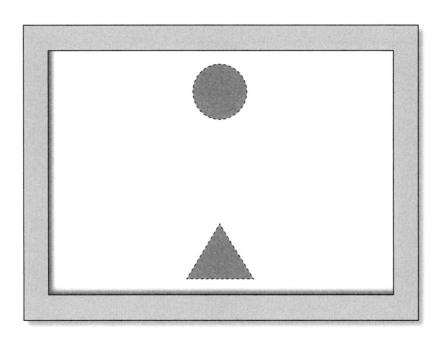

1. 원과 삼각형을 집으세요.

2. 원을 상자 위쪽 가운데에 놓으세요.

3. 삼각형을 상자 아래쪽 가운데에 놓으세요.

활동 7

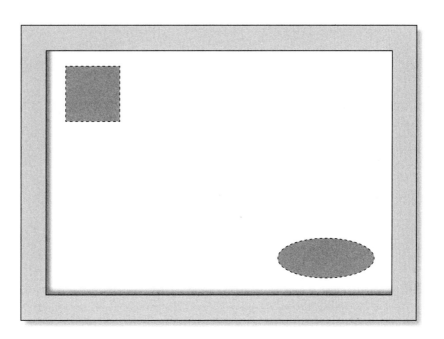

1. 정사각형과 타원을 집으세요.

2. 정사각형을 상자 왼쪽 위 구석에 놓으세요.

3. 타원을 상자 오른쪽 아래 구석에 가로로 놓으세요.

활동 8

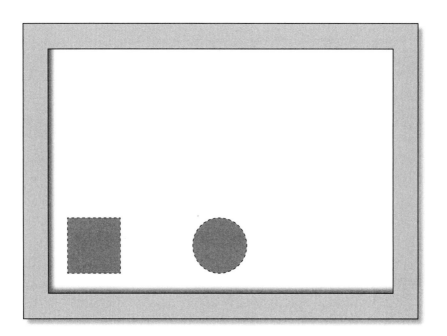

1. 정사각형과 원을 집으세요.

2. 정사각형을 상자 왼쪽 아래 구석에 놓으세요.

3. 원을 상자 아래쪽 가운데에 놓으세요.

활동 9

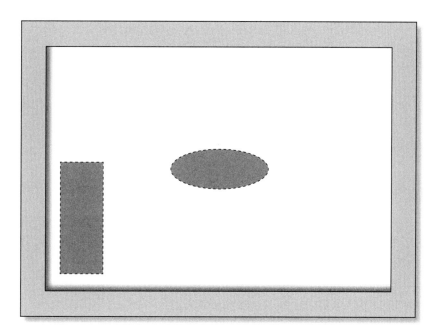

1. 직사각형과 타원을 집으세요.

2. 직사각형을 상자 왼쪽 아래 구석에 세로로 놓으세요.

3. 타원을 상자 중앙에 가로로 놓으세요.

활동 10

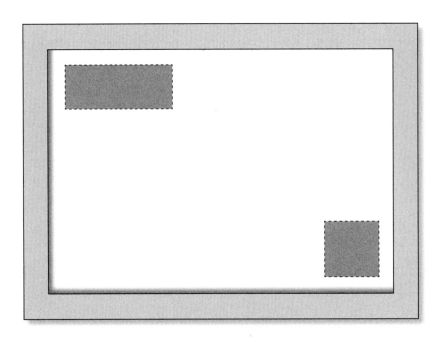

1. 직사각형과 정사각형을 집으세요.

2. 직사각형을 상자 왼쪽 위 구석에 가로로 놓으세요.

3. 정사각형을 상자 오른쪽 아래 구석에 놓으세요.

활동1에서 활동10까지 활동마다 3개의 지시문을 각기 올바르게 수행하면
O표시하고, 그렇지 않으면 X표시한다.

초급 단계

활동 1 _____ _____ _____   활동 6 _____ _____ _____

활동 2 _____ _____ _____   활동 7 _____ _____ _____

활동 3 _____ _____ _____   활동 8 _____ _____ _____

활동 4 _____ _____ _____   활동 9 _____ _____ _____

활동 5 _____ _____ _____   활동 10 _____ _____ _____

준비물 상자 복사본(p. 179)
도형 복사본(p. 180)
평가지 복사본(p. 114)

활동 1

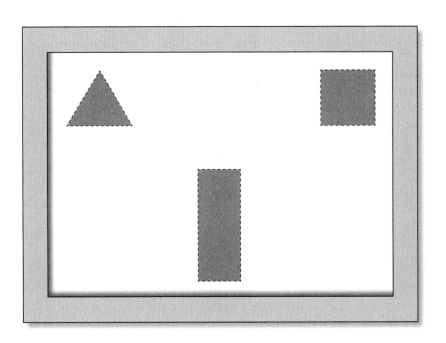

1. 직사각형, 정사각형, 삼각형 한 개씩을 집으세요.

2. 직사각형을 상자 아래쪽 가운데에 세로로 놓으세요.

3. 정사각형을 상자 오른쪽 위 구석에 놓으세요.

4. 삼각형을 상자 왼쪽 위 구석에 놓으세요.

활동 2

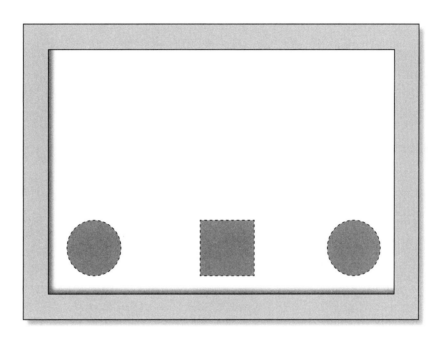

1. 정사각형 한 개와 원 두 개를 집으세요.

2. 원 하나를 상자 왼쪽 아래 구석에 놓으세요.

3. 남은 원을 상자 오른쪽 아래 구석에 놓으세요.

4. 정사각형을 두 개의 원 사이에 놓으세요.

활동 3

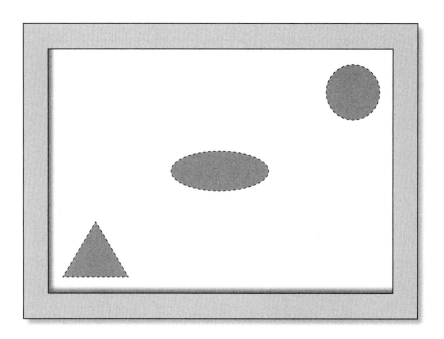

1. 삼각형, 원, 타원을 한 개씩 집으세요.

2. 원을 상자 오른쪽 위 구석에 놓으세요.

3. 삼각형을 상자 왼쪽 아래 구석에 놓으세요.

4. 타원을 원과 삼각형 사이에 가로로 놓으세요.

활동 4

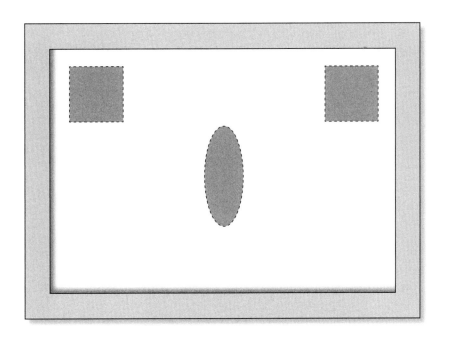

1. 타원 한 개와 정사각형 두 개를 집으세요.

2. 정사각형 하나를 상자 왼쪽 위 구석에 놓으세요.

3. 남은 정사각형을 상자 오른쪽 위 구석에, 첫 번째 정사각형 맞은편에 놓으세요.

4. 타원을 상자 중앙에 세로로 놓으세요.

활동 5

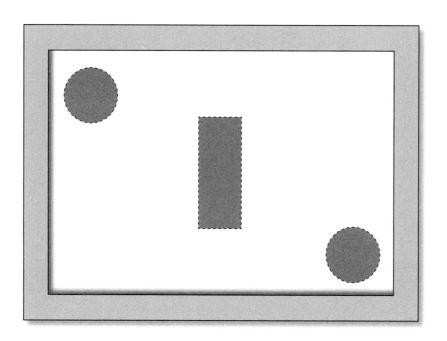

1. 직사각형 한 개와 원 두 개를 집으세요.

2. 원 하나를 상자 왼쪽 위 구석에 놓으세요.

3. 남은 원을 상자 오른쪽 아래 구석에 놓으세요.

4. 직사각형을 상자 중앙에 세로로 놓으세요.

활동 6

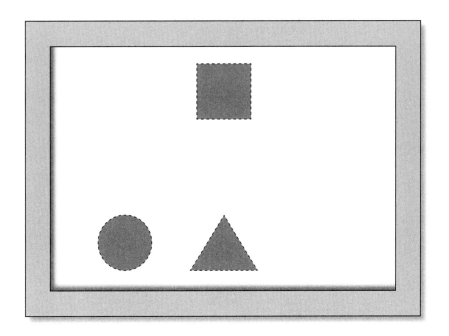

1. 원, 정사각형, 삼각형을 한 개씩 집으세요.

2. 정사각형을 상자 위쪽 가운데에 놓으세요.

3. 삼각형을 상자 아래쪽 가운데에 놓으세요.

4. 원을 삼각형 왼쪽 옆에 놓으세요.

활동 7

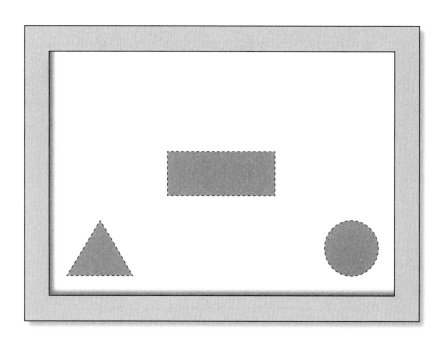

1. 원, 삼각형, 직사각형을 한 개씩 집으세요.

2. 삼각형을 상자 왼쪽 아래 구석에 놓으세요.

3. 원을 상자 아래쪽 삼각형 맞은편 구석에 놓으세요.

4. 직사각형을 상자 중앙에 가로로 놓으세요.

활동 8

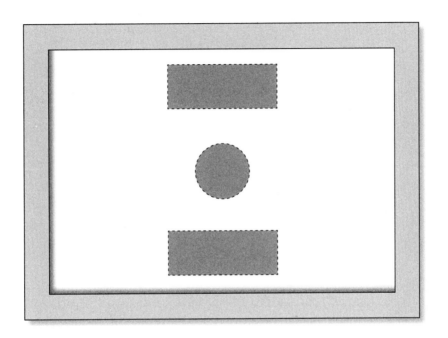

1. 직사각형 두 개와 원 한 개를 집으세요.

2. 직사각형 하나를 상자 위쪽 가운데에 가로로 놓으세요.

3. 남은 직사각형을 상자 아래쪽 가운데에 가로로 놓으세요.

4. 원을 상자 중앙, 두 개의 직사각형 사이에 놓으세요.

활동 9

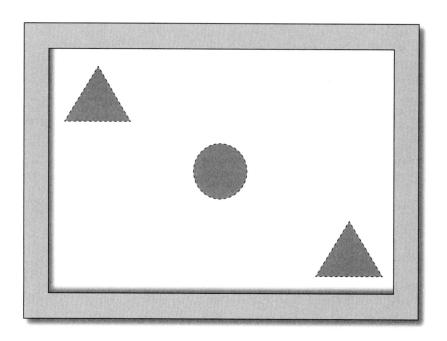

1. 삼각형 두 개와 원 한 개를 집으세요.

2. 삼각형 하나를 상자 왼쪽 위 구석에 놓으세요.

3. 남은 삼각형을 상자 오른쪽 아래 구석에 놓으세요.

4. 원을 상자 중앙, 두 개의 삼각형 사이에 놓으세요.

활동 10

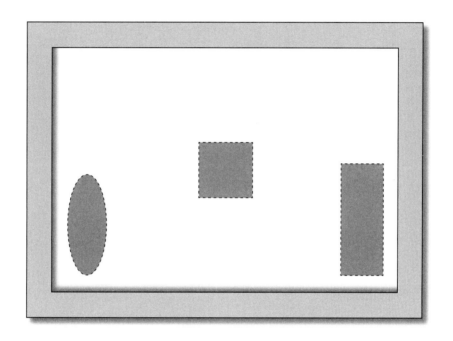

1. 직사각형, 타원, 정사각형 한 개씩을 집으세요.

2. 타원을 상자 왼쪽 아래 구석에 세로로 놓으세요.

3. 직사각형을 상자 오른쪽 아래 구석에 세로로 놓으세요.

4. 정사각형을 상자 중앙에 놓으세요.

평가지

활동1에서 활동10까지 활동마다 4개의 지시문을 각기 올바르게 수행하면
O표시하고, 그렇지 않으면 X표시한다.

중급 단계

활동 1 ____ ____ ____ ____   활동 6 ____ ____ ____ ____

활동 2 ____ ____ ____ ____   활동 7 ____ ____ ____ ____

활동 3 ____ ____ ____ ____   활동 8 ____ ____ ____ ____

활동 4 ____ ____ ____ ____   활동 9 ____ ____ ____ ____

활동 5 ____ ____ ____ ____   활동 10 ____ ____ ____ ____

준비물 상자 복사본(p. 179)
도형 복사본(p. 180)
평가지 복사본 (p. 125)

활동 1

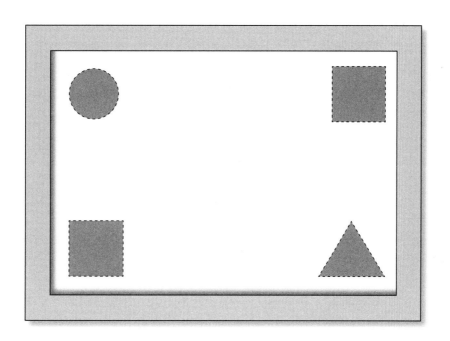

1. 정사각형 두 개, 원 한 개, 삼각형 한 개를 집으세요.

2. 삼각형을 상자 오른쪽 아래 구석에 놓은 후, 정사각형 하나를 오른쪽 위 구석에 놓으세요.

3. 남은 정사각형을 상자의 왼쪽 아래 구석에 놓으세요.

4. 원을 정사각형의 맞은편 위, 상자의 왼쪽 위 구석에 놓으세요.

활동 2

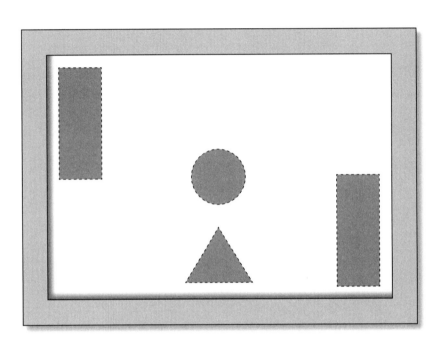

1. 직사각형 두 개, 삼각형 한 개, 원 한 개를 집으세요.

2. 직사각형 하나를 상자의 왼쪽 위 구석에 세로로 놓은 다음,
   남은 직사각형을 오른쪽 아래 구석에 세로로 놓으세요.

3. 원을 상자의 가운데에 놓으세요.

4. 삼각형을 원 바로 밑에 놓으세요.

활동 3

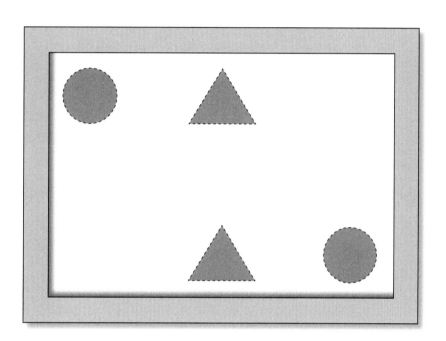

1. 삼각형 두 개와 원 두 개를 집으세요.

2. 원 하나를 왼쪽 위 구석에 놓은 후, 삼각형 하나를 상자 아래 쪽 가운데에 놓으세요.

3. 남은 원을 먼저 놓은 원 바로 맞은 편, 상자의 오른쪽 아래 구석에 놓으세요.

4. 남은 삼각형을 먼저 놓은 삼각형의 바로 맞은 편, 상자의 위쪽 가운데에 놓으세요.

활동 4

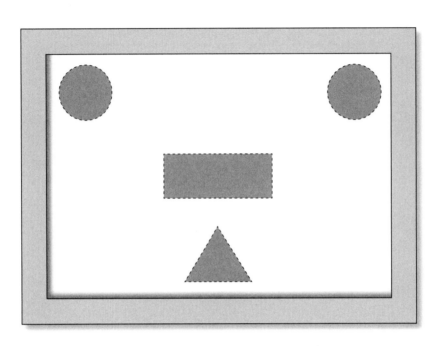

1. 삼각형 한 개, 원 두 개, 직사각형 한 개를 집으세요.

2. 삼각형을 상자 아래쪽 가운데에 놓으세요.

3. 직사각형을 상자 가운데에 가로로 놓으세요.

4. 원 하나를 상자의 오른쪽 위 구석에 놓은 후, 남은 원을 상자 왼쪽 위 구석에 놓으세요.

활동 5

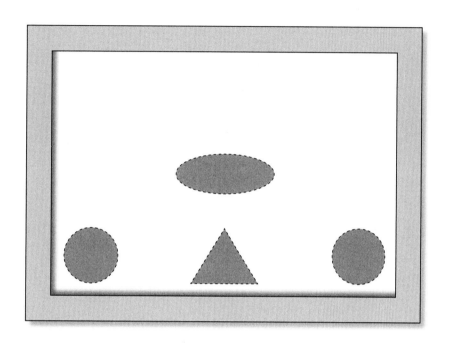

1. 삼각형 한 개, 원 두 개, 타원 한 개를 집으세요.

2. 원 하나를 상자 왼쪽 아래 구석에 놓으세요.

3. 남은 원을 상자 오른쪽 아래 구석에 놓으세요.

4. 타원을 상자 한 가운데에 가로로 놓은 후, 삼각형을 두 원 사이에 놓으세요.

활동 6

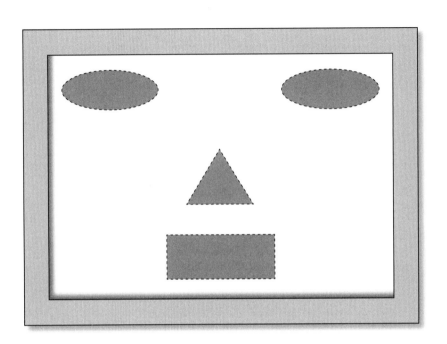

1. 삼각형 한 개, 타원 두 개, 직사각형 한 개를 집으세요.

2. 삼각형을 상자 한가운데에 놓으세요.

3. 타원 하나를 왼쪽 위 구석에 가로로 놓기 전, 직사각형을 상자 아래쪽 가운데에 가로로 놓으세요.

4. 남은 타원을 상자 오른쪽 위 구석에 가로로 놓으세요.

활동 7

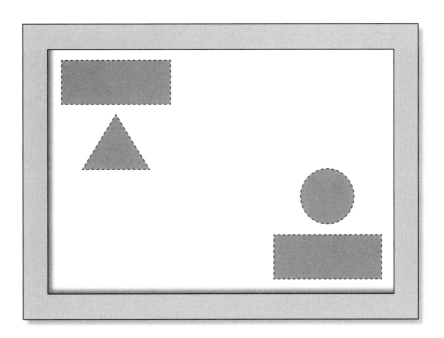

1. 직사각형 두 개, 삼각형 한 개, 원 한 개를 집으세요.

2. 직사각형 하나를 상자 왼쪽 위 구석에 가로로 놓은 다음,
   남은 직사각형을 오른쪽 아래 구석에 가로로 놓으세요.

3. 삼각형을 위쪽 직사각형 바로 아래쪽에 놓으세요.

4. 원을 아래쪽 직사각형 바로 위에 놓으세요.

활동 8

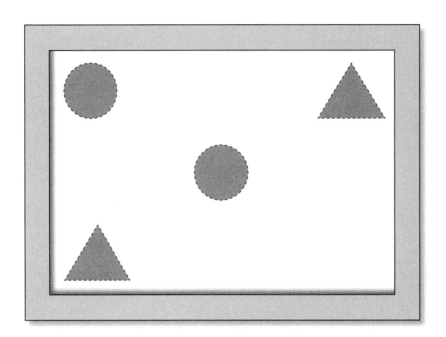

1. 삼각형 두 개, 원 두 개를 집으세요.

2. 원 하나를 상자 왼쪽 위 구석에 놓으세요.

3. 삼각형 하나를 왼쪽 아래 구석에 놓은 다음, 남은
   삼각형을 상자 오른쪽 위 구석에 놓으세요.

4. 남은 원을 두 삼각형 사이에 놓으세요.

활동 9

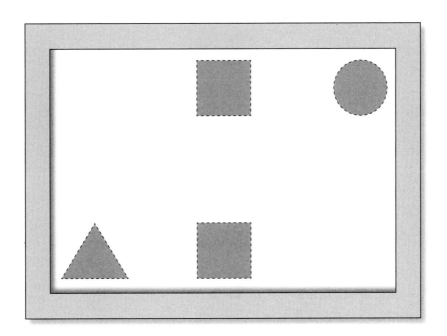

1. 정사각형 두 개, 원 한 개, 삼각형 한 개를 집으세요.

2. 정사각형 하나를 상자 아래쪽 가운데에 놓은 다음,
   남은 정사각형을 상자 위쪽 가운데에 놓으세요.

3. 삼각형을 상자 왼쪽 아래 구석에 놓으세요.

4. 원을 상자 오른쪽 위 구석에 놓으세요.

활동 10

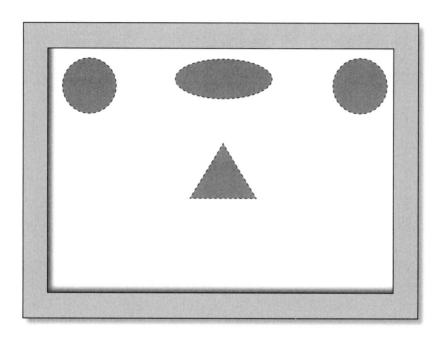

1. 삼각형 한 개, 원 두 개, 타원 한 개를 집으세요.

2. 원 하나를 상자의 왼쪽 위 구석에 놓으세요.

3. 남은 원을 상자 오른쪽 위 구석에 놓으세요.

4. 타원을 두 원 사이에 가로로 놓은 후, 삼각형을 상자의 한가운데에 놓으세요.

평가지

활동1에서 활동10까지 활동마다 4개의 지시문을 각기 올바르게 수행하면
O표시하고, 그렇지 않으면 X표시한다.

고급 단계

활동 1 ＿＿ ＿＿ ＿＿ ＿＿   활동 6 ＿＿ ＿＿ ＿＿ ＿＿

활동 2 ＿＿ ＿＿ ＿＿ ＿＿   활동 7 ＿＿ ＿＿ ＿＿ ＿＿

활동 3 ＿＿ ＿＿ ＿＿ ＿＿   활동 8 ＿＿ ＿＿ ＿＿ ＿＿

활동 4 ＿＿ ＿＿ ＿＿ ＿＿   활동 9 ＿＿ ＿＿ ＿＿ ＿＿

활동 5 ＿＿ ＿＿ ＿＿ ＿＿   활동 10 ＿＿ ＿＿ ＿＿ ＿＿

7장

길찾기

7장 길찾기

구체적이고 상세한 지시문을 듣고, 그에 따라 자동차나 오토바이를 이동시킨다.

준비물

- 도로지도 복사본
- 위에서 내려다 본 모양의 자동차와 오토바이 그림 복사본
- 왼쪽/오른쪽 방향 표시물 복사본
- 특수 제작된 50미터/100미터 자 복사본
- 가위
- 나침반 복사본
- 각 단계 끝에 삽입되어 있는 평가지 복사본

위 준비물의 복사본을 잘라 코팅해둔다. 필요한 그림은 부록(pp. 181-182)에 모두 실려 있다.

제공된 자가 각각 **50미터**와 **100미터**에 맞춰져 있다는 것을
아이들이 확실하게 알고 있어야 해요.
길찾기 활동에서 이 도구들을 효과적으로 사용하기 위해서는
먼저 **사용방법과 유의사항을 완벽하게 이해해야 해요!**

사용방법 및 유의사항

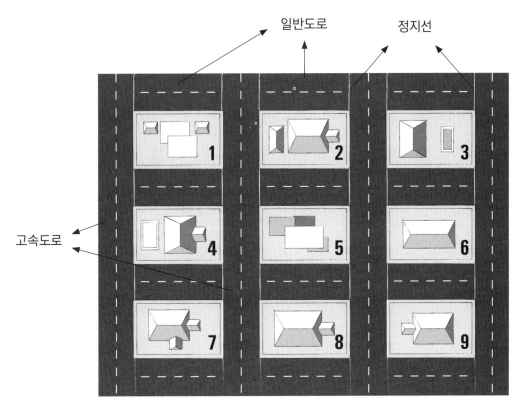

도로지도

아이들은 이 도로지도에서 자동차나 오토바이를 이동시키게 된다. 도로지도에는 1~9번까지 건물이 표시되어 있고, 네 개의 고속도로와 여러 개의 일반도로가 그려져 있다.

일반도로에는 고속도로와 달리 정지선이 표시돼 있다. 아이들은 왼쪽이나 오른쪽으로 돌기 전에 일반도로의 끝에 있는 이 정지선 앞에서 멈춰야 한다.

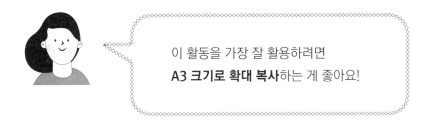

이 활동을 가장 잘 활용하려면 **A3 크기로 확대 복사**하는 게 좋아요!

자동차와 오토바이

길찾기 활동은 위에서 내려다 본 모양의 자동차와 오토바이 그림을 활용한다는 게 특징이다. 게임판이 A4 크기인지 A3 크기인지에 따라 자동차와 오토바이의 크기도 달라진다.

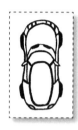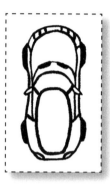

게임판이 A4 크기인 경우

게임판이 A3 크기인 경우
(A4 크기에서 150% 확대)

왼쪽/오른쪽 표시물

왼쪽/오른쪽 표시물은 자동차나 오토바이를 왼쪽/오른쪽으로 돌릴 때 정확하게 방향을 찾을 수 있도록 돕는 시각적 단서이다.

특수 제작한 자

이 자는 한 장소에서 다음 장소까지의 거리를 측정하는 데 도움을 준다. 길찾기 활동을 간단하게 하기 위해 여기에서는 두 가지 측정 단위(50미터와 100미터)만 사용된다. 자는 두 개가 제공되는데, 작은 것이 A4 크기이고 조금 더 큰 것이 A3 크기이다.

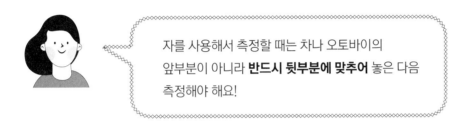

자를 사용해서 측정할 때는 차나 오토바이의
앞부분이 아니라 **반드시 뒷부분에 맞추어** 놓은 다음
측정해야 해요!

맞음 – 자와 차의 뒷부분이 일직선임

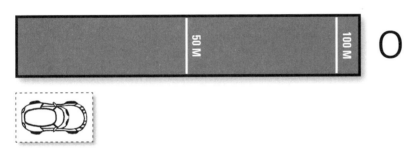

틀림 – 자가 너무 앞으로 나와 있음

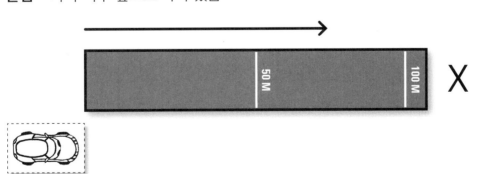

나침반

방향을 알려주는 간단한 도구이다. 나침반의 바늘은 북쪽을 가리킨다. 나머지 주요 방향은 동쪽, 서쪽, 남쪽이다. 북쪽은 남쪽과 반대쪽이며, 서쪽은 동쪽과 반대쪽이다. 이 길찾기 활동에서 나침반은 자동차나 오토바이가 가야 할 방향을 보여주는 간단한 도구로 쓰인다. 각 활동의 첫 번째 지시문은 먼저 북쪽, 남쪽, 동쪽, 서쪽 중 어느 방향을 향해 차를 놓아야 하는지 알려준다.

예시) 자동차가 서쪽을 향하도록 한 다음, 차의 오른쪽 부분이 9번 건물 아래쪽에 오도록 놓으세요.

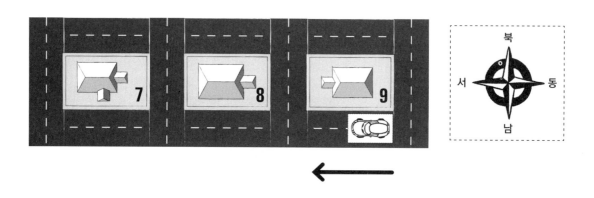

위의 예시에서 우리는 차의 오른쪽이 9번 건물 아래쪽에 정확하게 위치하며 자동차의 진행 방향이 서쪽을 가리킨다는 것을 볼 수 있다. 물론 이 때 서쪽이라 함은 실제 서쪽이라기보다는 이 활동을 하는 맥락에서의 서쪽을 의미한다. 탈 것이 정확한 방향을 향해 놓였는지 확인할 수 있도록 게임판 옆에 항상 나침반을 두도록 아이들을 독려한다.

길찾기 활동 예시

아래 예시는 왼쪽/오른쪽 표시물과 자를 사용해 어떻게 자동차를 이동시키는지를 보여준다. 1번부터 4번까지 지시문에 따라 아이들은 차를 7번 건물에서 5번 건물로 이동시키게 된다. 지시 내용은 다음과 같다.

1. 자동차가 동쪽을 향하도록 한 다음, 차의 왼쪽 부분이 7번 건물 아래쪽에 오도록 놓으세요.

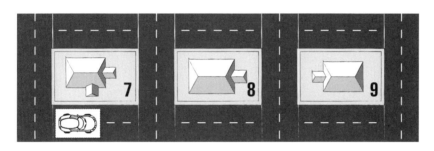 

2. 첫번째 일반도로 끝까지 이동한 후 멈추세요.
3. **왼쪽**으로 돌아 고속도로에 들어선 다음, 앞으로 50미터를 가세요.

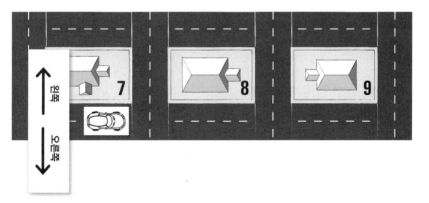 

이 부분이 조금 어려울 수 있다. 왼쪽/오른쪽을 이해할 수 있도록 왼쪽/오른쪽 표시물을 자동차 뒤에 놓아 차가 올바른 방향으로 갈 수 있게 돕는다.

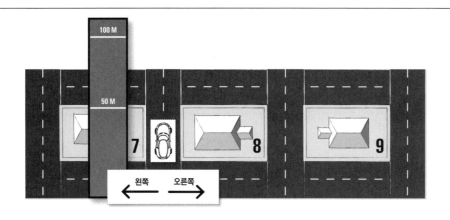

왼쪽/오른쪽 표시물이 자동차 바로 앞이나 뒤에 오도록 맞춘다. 이렇게 하면 손쉽게 정확한 방향으로 갈 수 있기 때문에, 머릿속으로 왼쪽/오른쪽을 생각할 필요가 없게 된다. 이런 추상적인 사고 능력은 어린 아이들이 습득하기에 어렵다. 지시문 3에 나온 '50미터'를 측정하기 위해 자를 사용하도록 한다.

4. 오른쪽으로 돌아 일반도로로 들어간 후 5번 건물 앞에서 멈추세요.

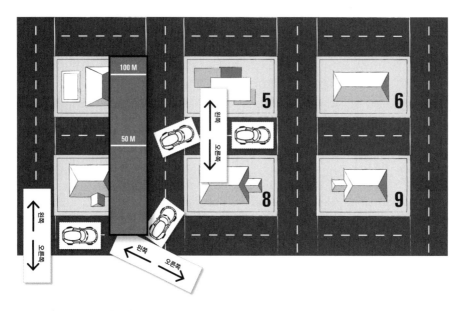

지도에서 보듯이 왼쪽/오른쪽 표시물은 자동차가 방향을 틀 때 항상 차 뒤에 놓도록 한다. 또한 게임판 옆에는 항상 나침반을 두게 한다.

길찾기 활동 준비(전체)

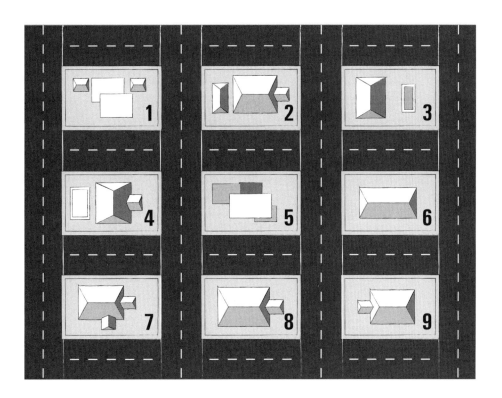

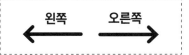

방향을 바르게 잡기 위한
왼쪽 / 오른쪽 표시물

올바른 거리 측정을 위한
50미터 / 100미터 자

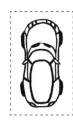

자동차

오토바이

방향 파악에 필요한 나침반
(길찾기 활동을 하는 동안 늘 게임판 옆에 둠)

길찾기 활동 개별 준비물

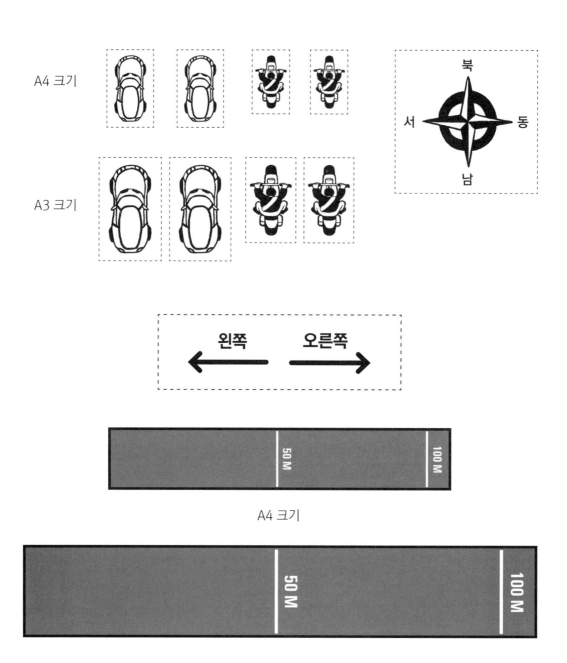

A4 크기

A3 크기

북
서 · 동
남

왼쪽 ← → 오른쪽

50 M   100 M

A4 크기

50 M   100 M

A3 크기
(A4 크기에서 150% 확대)

길찾기 활동 도로지도

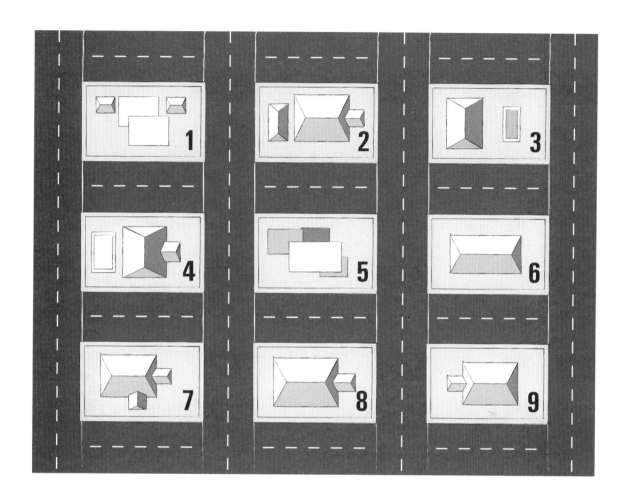

초급 단계

준비물　개별 준비물 복사본(p. 181)
도로지도 복사본(p. 182)
평가지 복사본 (p. 148)

활동 1

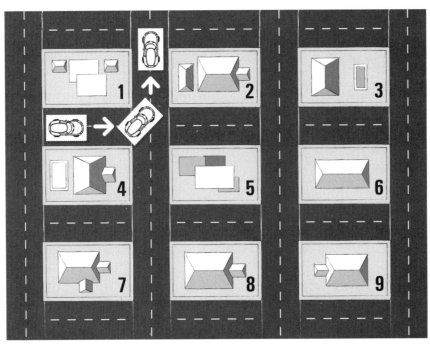

1. 자동차가 동쪽을 향하도록 한 다음, 1번과 4번 건물 사이 왼쪽 끝에 놓으세요.

2. 일반도로의 끝까지 간 후 멈추세요.

3. 왼쪽으로 돌아 고속도로로 들어가세요.

4. 앞으로 50미터를 간 후 멈추세요.

(4번 지시문까지 수행했을 때, 차는 북쪽을 향한 상태로 1번과 2번 건물 사이의 약간 위쪽에 놓여야 한다.)

활동 2

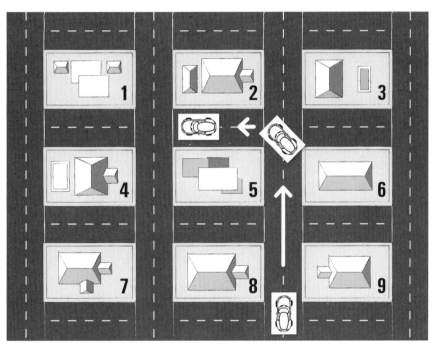

1. 자동차가 북쪽을 향하도록 한 다음, 8번과 9번 건물 사이 아래쪽에 놓으세요.

2. 앞으로 100미터를 가세요.

3. 왼쪽으로 돌아 일반도로로 들어가세요.

4. 일반도로의 끝까지 간 후 정지선에서 멈추세요.

(4번 지시문까지 수행했을 때, 차는 서쪽을 향한 상태로 2번과 5번 건물 사이 왼쪽 끝에 놓여야 한다.)

활동 3

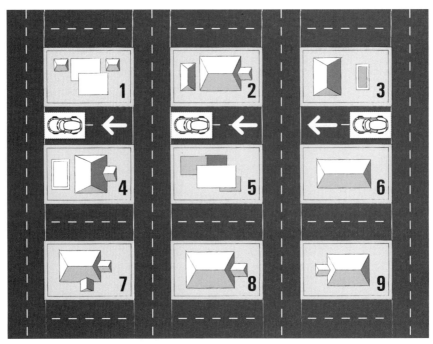

1. 자동차가 서쪽을 향하도록 한 다음, 3번과 6번 건물 사이 오른쪽 끝에 오도록 놓으세요.

2. 일반도로의 끝까지 간 후 정지선에서 멈추세요.

3. 고속도로를 가로질러 다음 일반도로의 끝까지 간 후 정지선에서 멈추세요.

4. 고속도로를 가로질러 다음 일반도로의 끝까지 간 후 정지선에서 멈추세요.

(4번 지시문까지 수행했을 때, 차는 서쪽을 향한 상태로 1번과 4번 건물 사이에 놓여야 한다.)

활동 4

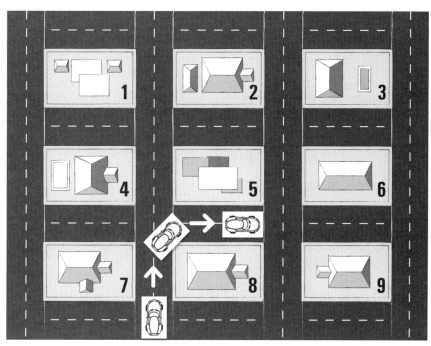

1. 자동차가 북쪽을 향하도록 한 다음, 7번과 8번 건물 사이 고속도로 아래쪽에 놓으세요.

2. 앞으로 50미터를 가세요.

3. 오른쪽으로 돌아 일반도로로 들어가세요.

4. 일반도로의 끝까지 간 후 정지선에서 멈추세요.

(4번 지시문까지 수행했을 때, 차는 동쪽을 향한 상태로 5번과 8번 건물 사이 오른쪽 끝에 놓여야 한다.)

활동 5

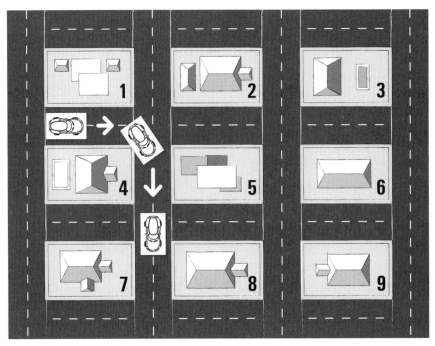

1. 자동차가 동쪽을 향하도록 한 다음, 1번과 4번 건물 사이 왼쪽 끝에 놓으세요.

2. 일반도로의 끝까지 간 후 정지선에서 멈추세요.

3. 오른쪽으로 돌아 고속도로로 들어가세요.

4. 앞으로 50미터를 간 후 멈추세요.

(4번 지시문까지 수행했을 때, 차는 남쪽을 향한 상태로 4번 과 5번 건물 사이 약간 아래쪽에 놓여야 한다.)

활동 6

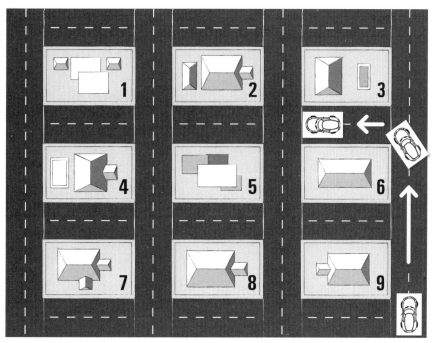

1. 자동차가 북쪽을 향하도록 한 다음, 9번 건물 오른쪽 고속 도로의 아래쪽에 놓으세요.

2. 앞으로 100미터를 가세요.

3. 왼쪽으로 돌아 일반도로로 들어가세요.

4. 일반도로의 끝까지 간 후 정지선에서 멈추세요.

(4번 지시문까지 수행했을 때, 차는 서쪽을 향한 상태로 3번 과 6번 건물 사이 왼쪽 끝에 놓여야 한다.)

활동 7

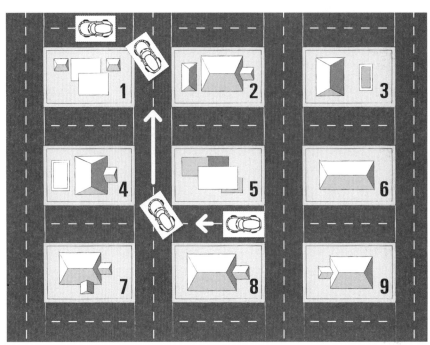

1. 자동차가 서쪽을 향하도록 한 다음, 5번과 8번 건물 사이 오른쪽 끝에 놓으세요.

2. 일반도로 끝까지 간 후 오른쪽으로 돌아 고속도로로 들어가세요.

3. 앞으로 100미터를 가세요.

4. 왼쪽으로 돌아 일반도로로 들어간 다음 멈추세요.

(4번 지시문까지 수행했을 때, 차는 서쪽을 향한 상태로 1번 건물 위에 놓여야 한다.)

활동 8

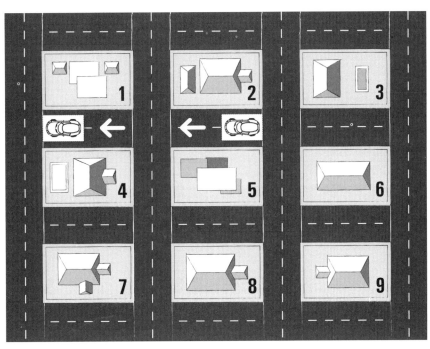

1. 자동차가 서쪽을 향하도록 한 다음, 2번과 5번 건물 사이에 놓으세요.

2. 도로 끝까지 간 후 정지선에서 멈추세요.

3. 고속도로를 가로질러 다음 일반도로에 들어가세요.

4. 일반도로 끝까지 간 후 정지선에서 멈추세요.

(4번 지시문까지 수행했을 때, 차는 서쪽을 향한 상태로 1번과 4번 건물 사이에 놓여야 한다.)

활동 9

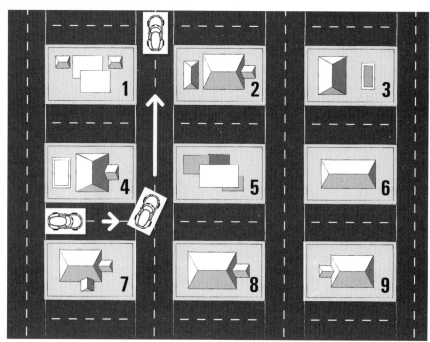

북
서 동
남

1. 자동차가 동쪽을 향하도록 한 다음, 4번과 7번 건물 사이에 놓으세요.

2. 도로의 끝까지 간 후 정지선에서 멈추세요.

3. 왼쪽으로 돌아 고속도로로 들어가세요.

4. 앞으로 100미터를 간 후 멈추세요.

(4번 지시문까지 수행했을 때, 차는 북쪽을 향한 상태로 1번과 2번 건물 사이 약간 위쪽에 놓여야 한다).

활동 10

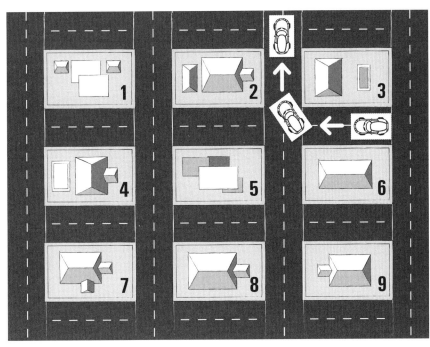

1. 자동차가 서쪽을 향하도록 한 다음, 3번과 6번 건물 사이에 놓으세요.

2. 도로 끝까지 간 후 정지선에서 멈추세요.

3. 오른쪽으로 돌아 고속도로로 들어가세요.

4. 앞으로 50미터를 가세요.

(4번 지시문까지 수행했을 때, 차는 북쪽을 향한 상태로 2번과 3번 건물 사이의 위쪽에 놓여야 한다.)

평가지

활동1에서 활동10까지 활동마다 4개의 지시문을 각기 올바르게 수행하면
O표시하고, 그렇지 않으면 X표시한다.

초급 단계

활동 1 ____ ____ ____ ____

활동 2 ____ ____ ____ ____

활동 3 ____ ____ ____ ____

활동 4 ____ ____ ____ ____

활동 5 ____ ____ ____ ____

활동 6 ____ ____ ____ ____

활동 7 ____ ____ ____ ____

활동 8 ____ ____ ____ ____

활동 9 ____ ____ ____ ____

활동 10 ____ ____ ____ ____

중급 / 고급 단계

길찾기 활동의 중급 및 고급 단계에는 더 복잡한 과정이 추가된다. 지시문을 처음 들었을 때 자동차나 오토바이를 어떻게 움직여야 하는지 곧바로 파악하기 어려울 수 있다. 앞서 초급 단계에서 아이들은 방향 파악을 위해 왼쪽/오른쪽 표시물과 나침반 사용법을 익혔는데, 이 도구들은 중급과 고급 단계에서 필수적이다.

아래의 예를 보면, 처음에는 자동차를 오른쪽으로 돌려서 북쪽에서 남쪽으로, 즉 위에서 아래로 이동시킨다. 그 다음에는 왼쪽으로 돌리는데, 이 때도 다시 왼쪽/오른쪽 표시물을 쓸 수 있다. 왼쪽/오른쪽 표시물은 항상 자동차 뒤에 놓도록 유의한다.

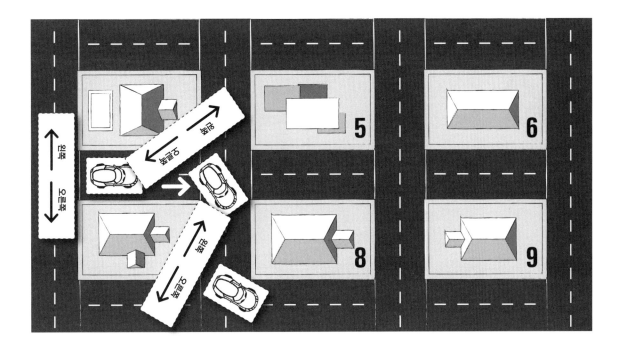

중급 단계

준비물 개별 준비물 복사본(p. 181)
도로지도 복사본(p. 182)
평가지 복사본 (p. 160)

활동 1

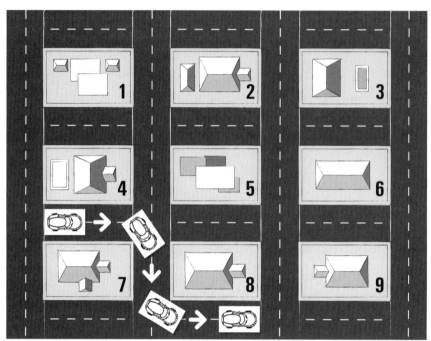

1. 자동차가 동쪽을 향하도록 한 다음, 4번과 7번 건물 사이 왼쪽 끝에 놓고 일반도로 끝까지 간 후 정지선에서 멈추세요.

2. 오른쪽으로 돌아 고속도로를 타고 앞으로 50미터를 가세요.

3. 왼쪽으로 돌아 일반도로의 끝까지 간 후 정지선에서 멈추세요.

(3번 지시문까지 수행했을 때, 차는 동쪽을 향한 상태로 8번 건물 아래쪽에 놓여야 한다.)

활동 2

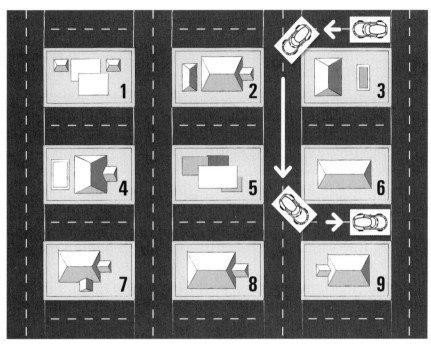

1. 자동차가 서쪽을 향하도록 한 다음, 3번 건물 위 오른쪽 끝에 놓고 일반도로 끝까지 간 후 정지선에서 멈추세요.

2. 왼쪽으로 돌아 고속도로를 타고 앞으로 100미터를 가세요.

3. 왼쪽으로 돌아 일반도로를 타고 끝까지 간 후 정지선에서 멈추세요.

(3번 지시문까지 수행했을 때, 차는 동쪽을 향한 상태로 6번과 9번 건물 사이에 놓여야 한다.)

활동 3

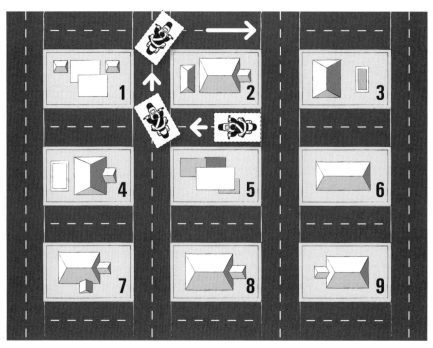

1. 오토바이가 서쪽을 향하도록 한 다음, 2번과 5번 건물 사이 오른쪽 끝에 놓고 일반도로 끝까지 가세요.

2. 오른쪽으로 돌아 고속도로를 타고 앞으로 50미터를 가세요.

3. 오른쪽으로 돌아 일반도로를 타고 가다가 정지선에서 멈추세요.

(3번 지시문까지 수행했을 때, 오토바이는 동쪽을 향한 상태로 2번 건물 위 오른쪽 끝에 놓여야 한다.)

활동 4

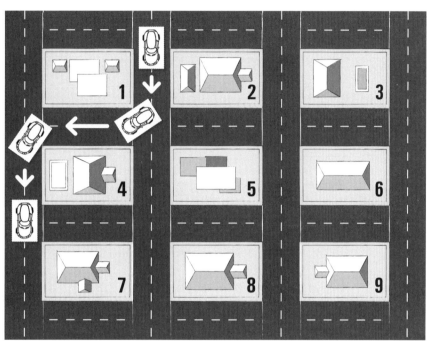

1. 자동차가 남쪽을 향하도록 한 다음, 1번과 2번 건물 사이 위쪽에 놓고 앞으로 50미터를 가세요.

2. 오른쪽으로 돌아 일반도로를 타고 끝까지 간 다음 정지선에서 멈추세요.

3. 왼쪽으로 돌아 고속도로를 타고 앞으로 50미터를 가세요.

(3번 지시문까지 수행했을 때, 차는 남쪽을 향한 상태로 4번과 7번 건물 사이 왼쪽편에 놓여야 한다.)

활동 5

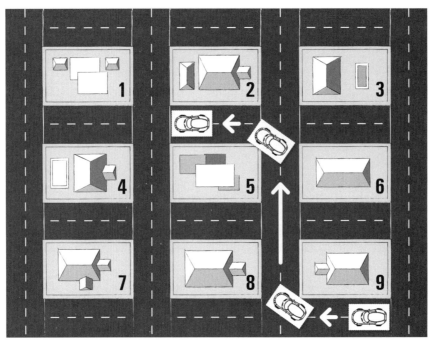

1. 자동차가 서쪽을 향하도록 한 다음, 9번 건물 아래 오른쪽 끝에 놓고 일반도로 끝까지 가세요.

2. 오른쪽으로 돌아 고속도로를 타고 앞으로 100미터를 가세요.

3. 왼쪽으로 돌아 일반도로를 타고 가다가 정지선에서 멈추세요.

(3번 지시문까지 수행했을 때, 자동차는 서쪽을 향한 상태로 2번과 5번 건물 사이 왼쪽 끝에 놓여야 한다.)

활동 6

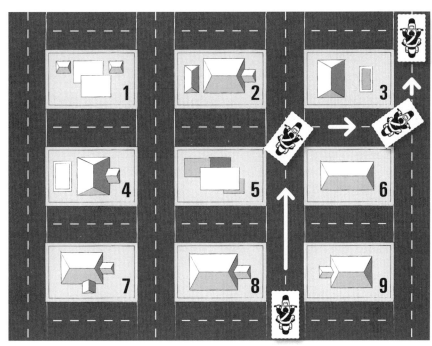

1. 오토바이가 북쪽을 향하도록 한 다음, 8번과 9번 건물 사이 아래쪽에 놓고 앞으로 100미터를 가세요.

2. 오른쪽으로 돌아 일반도로를 타고 끝까지 간 다음 정지선에서 멈추세요.

3. 왼쪽으로 돌아 고속도로를 타고 앞으로 50미터를 가세요.

(3번 지시문까지 수행했을 때, 오토바이는 북쪽을 향한 상태로 3번 건물 오른쪽 위에 놓여야 한다.)

활동 7

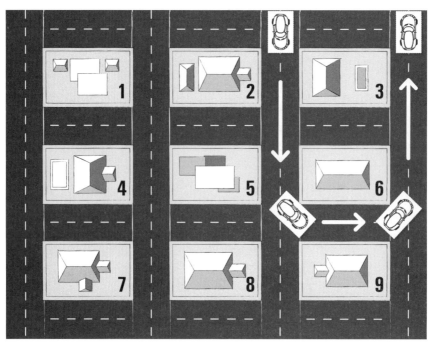

1. 자동차가 남쪽을 향하도록 한 다음, 2번과 3번 건물 사이 윗부분에 놓고 앞으로 100미터를 가세요.

2. 왼쪽으로 돌아서 일반도로를 타고 가다가 도로 끝 정지선에서 멈추세요.

3. 왼쪽으로 돌아서 고속도로를 타고 앞으로 100미터를 가세요.

(3번 지시문까지 수행했을 때, 차는 북쪽을 향한 상태로 3번 건물 오른쪽 위 고속도로에 놓여야 한다.)

활동 8

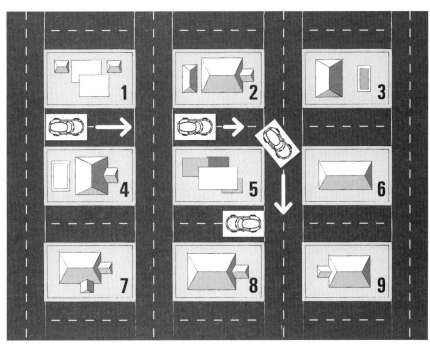

1. 자동차가 동쪽을 향하도록 한 다음, 1번과 4번 건물 사이 왼쪽
   끝에 놓고 일반도로의 끝까지 간 후 정지선에서 멈추세요.

2. 고속도로를 가로질러 다음 일반도로의 끝까지 가세요.

3. 오른쪽으로 돌아 고속도로를 타고 앞으로 50미터를 간 후에
   다시 오른쪽으로 돌아서 멈추세요.

(3번 지시문까지 수행했을 때, 차는 서쪽을 향한 상태로 5번과 8번
건물 사이 오른쪽 끝에 놓여야 한다.)

활동 9

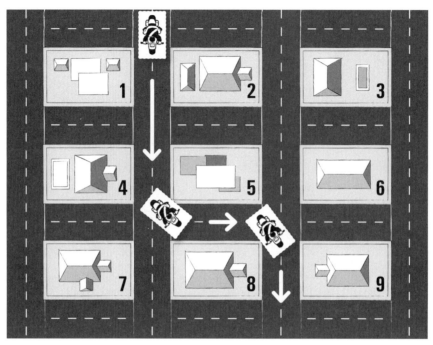

1. 오토바이가 남쪽을 향하도록 한 다음, 1번과 2번 건물 사이윗부분에 놓고 앞으로 100미터를 가세요.

2. 왼쪽으로 돌아 일반도로를 타고 가다가 정지선에서 멈추세요.

3. 오른쪽으로 돌아 고속도로를 타고 앞으로 50미터를 가세요.

(3번 지시문까지 수행했을 때, 오토바이는 남쪽을 향한 상태로 8번과 9번 건물 사이에 놓여야 한다.)

활동 10

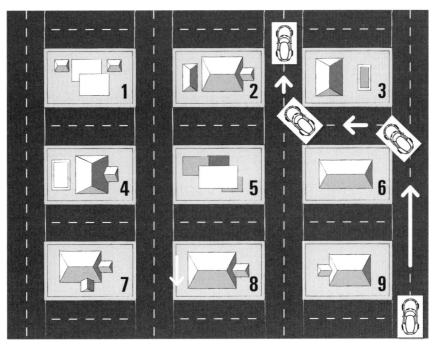

1. 자동차가 북쪽을 향하도록 한 다음, 9번 건물의 오른쪽 아래쪽에 놓고 앞으로 100미터를 가세요.

2. 왼쪽으로 돌아 일반도로를 타고 도로 끝까지 가세요.

3. 오른쪽으로 돌아 고속도로를 타고 앞으로 50미터를 간 후 멈추세요.

(3번 지시문까지 수행했을 때, 차는 북쪽을 향한 상태로 2번과 3번 건물 사이 위쪽에 놓여야 한다.)

활동1에서 활동10까지 활동마다 3개의 지시문을 각기 올바르게 수행하면
O표시하고, 그렇지 않으면 X표시한다.

중급 단계

활동 1 ____ ____ ____   활동 6 ____ ____ ____

활동 2 ____ ____ ____   활동 7 ____ ____ ____

활동 3 ____ ____ ____   활동 8 ____ ____ ____

활동 4 ____ ____ ____   활동 9 ____ ____ ____

활동 5 ____ ____ ____   활동 10 ____ ____ ____

준비물 개별 준비물 복사본(p. 181)
도로지도 복사본(p. 182)
평가지 복사본(p. 171)

활동 1

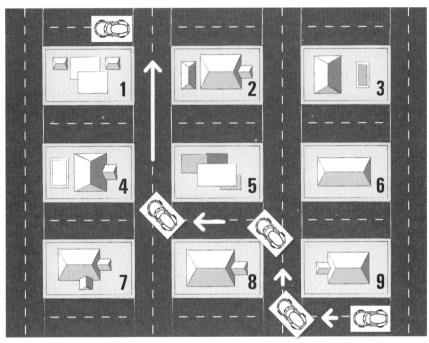

1. 자동차가 서쪽을 향하도록 한 다음, 9번 건물 아래 오른쪽 끝에 놓고 일반도로 끝까지 가세요.

2. 오른쪽으로 돌아 고속도로를 타고 앞으로 50미터를 가세요.

3. 왼쪽으로 돌아 일반도로를 타고 가다가 도로 끝에서 멈추세요.

4. 오른쪽으로 돌아 고속도로를 타고 앞으로 100미터를 간 후 왼쪽으로 돌아 일반도로로 들어가세요.

(4번 지시문까지 수행했을 때, 차는 서쪽을 향한 상태로 1번 건물 위에 놓여야 한다.)

활동 2

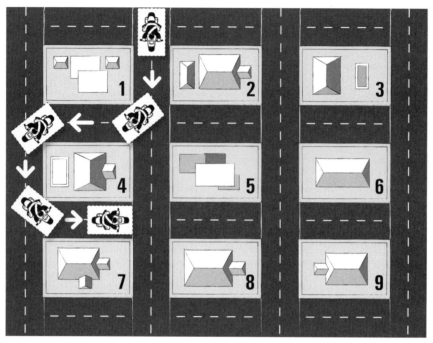

1. 오토바이가 남쪽을 향하도록 한 다음, 1번과 2번 건물 사이 윗부분에 놓고 앞으로 50미터를 가세요.

2. 오른쪽으로 돌아 일반도로를 타고 도로 끝에서 멈추세요.

3. 왼쪽으로 돌아 고속도로를 타고 앞으로 50미터를 가세요.

4. 왼쪽으로 돌아 일반도로로 들어간 후 도로 끝에서 멈추세요.

(4번 지시문까지 수행했을 때, 오토바이는 동쪽을 향한 상태로 4번과 7번 건물 사이에 놓여야 한다.)

활동 3

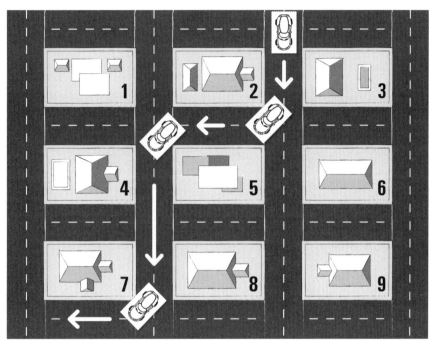

1. 자동차가 남쪽을 향하도록 한 다음, 2번과 3번 건물 사이
   윗부분에 놓은 다음 앞으로 50미터를 가세요.

2. 오른쪽으로 돌아 일반도로로 들어간 후 도로 끝에서 멈추세요.

3. 왼쪽으로 돌아 고속도로를 타고 앞으로 100미터를 가세요.

4. 오른쪽으로 돌아 일반도로로 들어간 후 도로 끝에서 멈추세요.

(4번 지시문까지 수행했을 때, 차는 서쪽을 향한 상태로 7번 건물
아래 왼쪽 끝에 놓여야 한다.)

활동 4

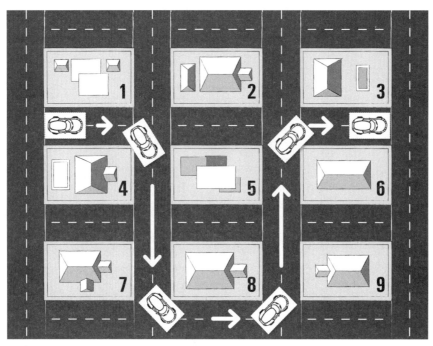

1. 자동차가 동쪽을 향하도록 한 다음, 1번과 4번 건물 사이 왼쪽 끝에 놓고 일반도로의 끝까지 간 후 오른쪽으로 도세요.

2. 앞으로 100미터를 간 다음 왼쪽으로 돌아 일반도로로 들어가세요.

3. 일반도로의 끝까지 간 후 왼쪽으로 도세요.

4. 앞으로 100미터를 간 다음 오른쪽으로 돌아 일반도로로 들어간 후, 도로 끝까지 가서 멈추세요.

(4번 지시문까지 수행했을 때, 차는 3번과 6번 건물 사이 오른쪽 끝에 놓여야 한다.)

활동 5

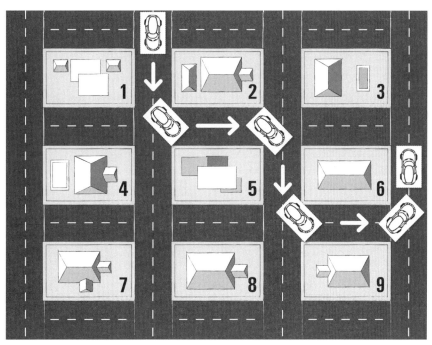

1. 자동차가 남쪽을 향하도록 한 다음, 1번과 2번 건물 사이 위쪽에 놓고 앞으로 50미터를 가세요.

2. 왼쪽으로 돌아 일반도로 끝까지 간 다음 오른쪽으로 도세요.

3. 앞으로 50미터를 간 다음 왼쪽으로 돌아 일반도로로 들어가세요.

4. 일반도로 끝까지 간 다음 왼쪽으로 돌아 고속도로를 탄 다음 멈추세요.

(4번 지시문까지 수행했을 때, 차는 북쪽을 향한 상태로 6번 건물 오른쪽 옆에 놓여야 한다.)

활동 6

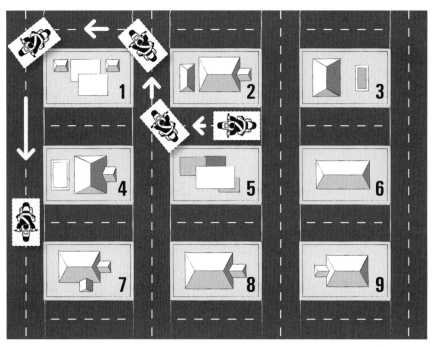

1. 오토바이가 서쪽을 향하도록 한 다음, 2번과 5번 건물 사이 오른쪽 끝에 놓고 일반도로의 끝까지 가세요.

2. 오른쪽으로 돌아 고속도로를 타고 앞으로 50미터를 가세요.

3. 왼쪽으로 돌아 일반도로로 들어간 후 도로 끝까지 가서 멈추세요.

4. 왼쪽으로 돌아 고속도로를 타고 앞으로 100미터를 가세요.

(4번 지시문까지 수행했을 때, 오토바이는 남쪽을 향한 상태로 4번과 7번 건물 왼쪽 고속도로에 놓여야 한다.)

활동 7

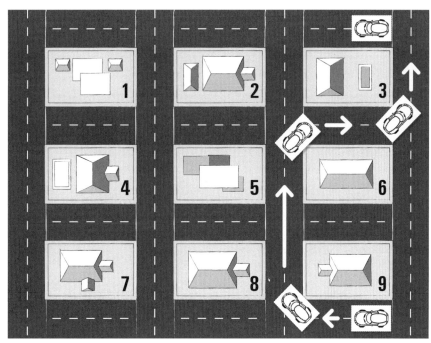

1. 자동차가 서쪽을 향하도록 한 다음, 9번 건물 아래 오른쪽 끝에 놓고 일반도로의 끝까지 가세요.

2. 오른쪽으로 돌아 고속도로를 타고 앞으로 100미터를 가세요.

3. 오른쪽으로 돌아 일반도로로 들어간 후 도로 끝까지 가서 왼쪽으로 도세요.

4. 고속도로를 타고 앞으로 50미터 간 후 왼쪽으로 도세요.

(4번 지시문까지 수행했을 때, 차는 서쪽을 향한 상태로 3번 건물 위 오른쪽 끝에 놓여야 한다.)

활동 8

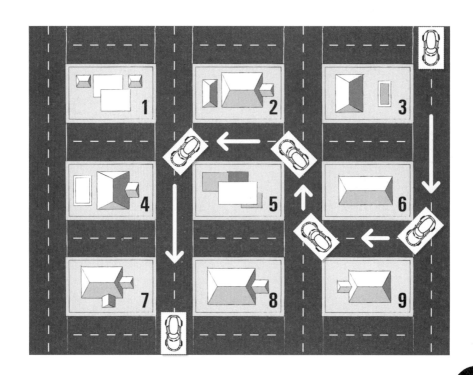

1. 자동차가 남쪽을 향하도록 한 다음, 3번 건물 오른쪽 위 고속도로에 놓고 앞으로 100미터를 가세요.

2. 오른쪽으로 돌아 일반도로로 들어간 후, 도로 끝까지 가서 오른쪽으로 돌아 고속도로를 타세요.

3. 앞으로 50미터를 간 다음 왼쪽으로 돌아서 일반도로의 끝에서 멈추세요.

4. 왼쪽으로 돌아 고속도로를 타고 앞으로 100미터를 가세요.

(4번 지시문까지 수행했을 때, 차는 남쪽을 향한 상태로 7번과 8번 건물 사이에 놓여야 한다.)

활동 9

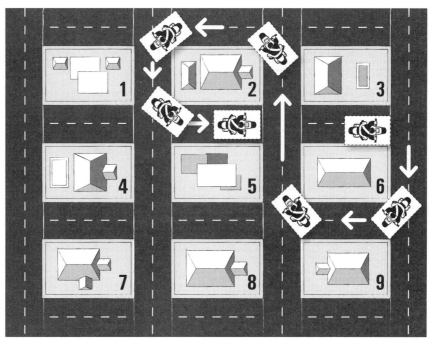

1. 오토바이가 동쪽을 향하도록 한 다음, 3번과 6번 건물 사이 오른쪽 끝에 놓고 오른쪽으로 돌아 고속도로를 타세요.

2. 앞으로 50미터를 간 다음 오른쪽으로 돌고, 일반도로 끝에서 다시 오른쪽으로 도세요.

3. 앞으로 100미터를 간 다음 왼쪽으로 돌고, 일반도로 끝에서 다시 왼쪽으로 도세요.

4. 앞으로 50미터를 간 다음 왼쪽으로 돌고, 일반도로 끝에서 멈추세요.

(4번 지시문까지 수행했을 때, 오토바이는 동쪽을 향한 상태로 2번과 5번 건물 사이 오른쪽 끝에 놓여야 한다.)

활동 10

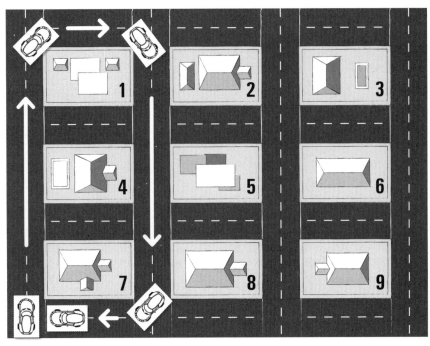

1. 자동차가 북쪽을 향하도록 한 다음, 7번 건물 왼쪽 아래 고속도로에 놓고, 앞으로 150미터를 가세요.

2. 오른쪽으로 돌아 일반도로 끝까지 간 다음, 다시 오른쪽으로 돌아 고속도로를 타세요.

3. 고속도로에서 앞으로 150미터를 간 다음 오른쪽으로 도세요.

4. 일반도로 끝까지 간 다음 오른쪽으로 돌아 고속도로를 타세요.

(4번 지시문까지 수행했을 때, 차는 출발 지점에 놓여 있어야 한다.)

활동1에서 활동10까지 활동마다 4개의 지시문을 각기 올바르게 수행하면
O표시하고, 그렇지 않으면 X표시한다.

고급 단계

활동 1 ____ ____ ____ ____

활동 6 ____ ____ ____ ____

활동 2 ____ ____ ____ ____

활동 7 ____ ____ ____ ____

활동 3 ____ ____ ____ ____

활동 8 ____ ____ ____ ____

활동 4 ____ ____ ____ ____

활동 9 ____ ____ ____ ____

활동 5 ____ ____ ____ ____

활동 10 ____ ____ ____ ____

부록

복사용 그림

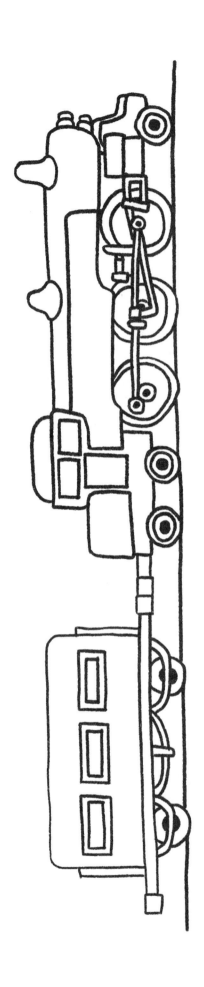

가구 배치하기
평면도

거실

욕실

주방

침실 1

침실 2

가구 배치하기

가구

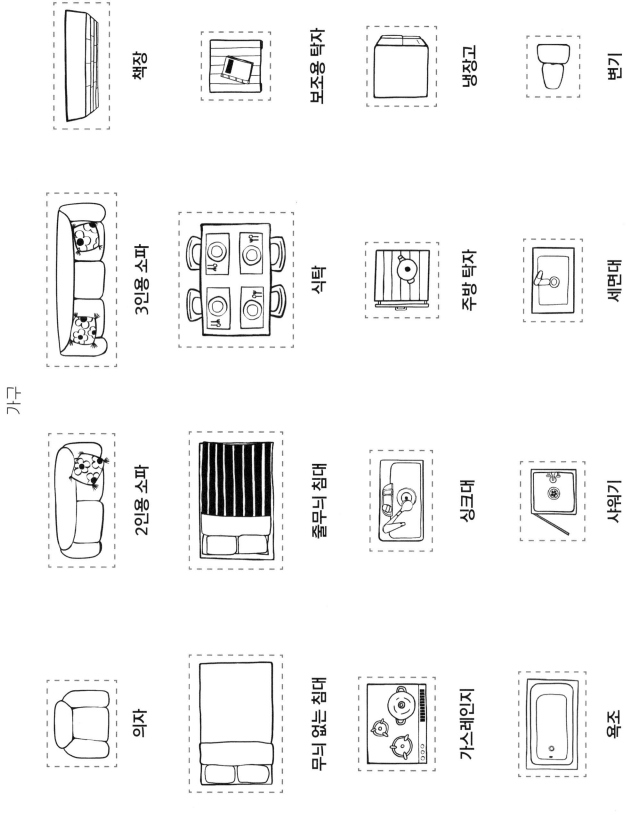

책장

보조용 탁자

냉장고

변기

3인용 소파

식탁

주방 탁자

세면대

2인용 소파

줄무늬 침대

싱크대

샤워기

의자

무늬 없는 침대

가스레인지

욕조

도형 배치하기
상자

179

도형 배치하기

도형

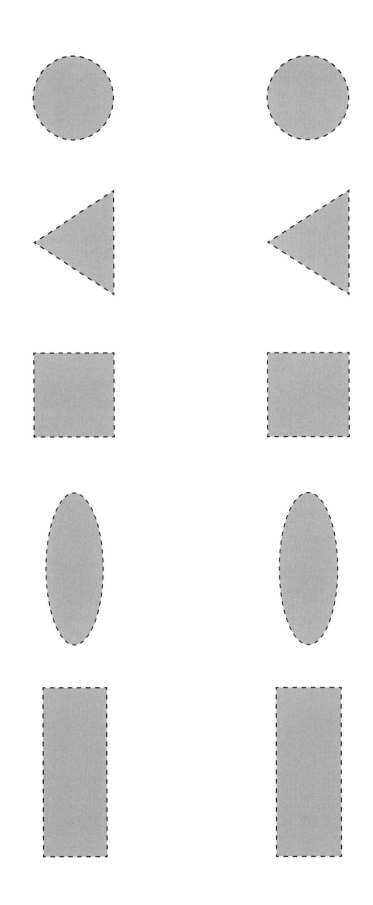

길찾기
개별 준비물

A4 크기

A3 크기

왼쪽 오른쪽

A3 크기
(A4 크기에서 150% 확대)

A4 크기

50 M

100 M

50 M

100 M

서
북
남
여

길찾기

도로지도

Alloway, T.P. (2010). *Improving Working Memory: Supporting Students' Learning,* London: Sage Publications, LTd.

Alloway, T.P. (2007). *Automated Working Memory Assessment,* London: Harcourt Education.

Boudreau, D. & Costanza-Smith, A. (2011). Assessment and Treatment of Working Memory Deficits in School-Age Children: The Role of the Speech-Language Pathologist. *Language, Speech and Hearing Services in Schools,* Vol, 152-166.

Gathercole, S.E. & Alloway, T.P. (2008). *Working Memory and Learning*: A Practical Guide for Teachers. London: Sage Publications, Ltd.

Smith, C.G. (2008). Verbal Working Memory and Storytelling in School-Age Children with Autism. *Language, Speech and Hearing Services in Schools,* Vol 39, 498-511.

Wagner, R.K. Muse, A.E. & Tannenbaum, K.R. (2007). *Vocabulary Acquisition: Implications for Reading Comprehension.* New York: The Guilford Press.

학습잠재력을 쑥쑥 키워주는
작업기억 향상 워크북

2020년 07월 25일 | 초판 1쇄 발행
2023년 12월 14일 | 초판 3쇄 발행

지은이	데이비드 뉴먼
옮긴이	유정민 최승균 함선미
펴낸이	이찬승
펴낸곳	교육을바꾸는책
편집·마케팅	고명희 서이슬 김지현
디자인	정선은
제작	류제양

출판등록	2012년 04월 10일	제313-2012-114호
주소	서울시 마포구 양화로7길 76 평화빌딩 3층
홈페이지	http://21erick.org
이메일	gyobasa@21erick.org
포스트	post.naver.com/gyobasa_edu
유튜브	youtube.com/gyobasa
트위터	twitter.com/GyobasaNPO
인스타그램	instagram.com/gyobasa

전화	02-320-3600
팩스	02-320-3608

ISBN 978-89-97724-06-2 (93370)

이 도서의 국립중앙도서관 출판예정도서목록(CIP)은 서지정보유통지원시스템 홈페이지
(http://seoji.nl.go.kr)와 국가자료종합목록 구축시스템(http://kolis-net.nl.go.kr)에서
이용하실 수 있습니다. (CIP제어번호 : CIP2020029035)